中学校道徳サポートBOOKS

考える ツール ＆ 議論する ツール でつくる 中学校道徳の 新授業プラン

諸富祥彦・土田雄一・松田憲子 編著

JN039368

は じ め に

　「考え，議論する道徳科の授業をどうやってつくることができるか」——，全国の中学校の先生方が，頭をひねっておられます。

　それに対する私たちの提案は「ツールを使おう！」というものです。

　「考えるツール」とは，例えば，そのワークシートにそって書き込んでいくだけで，子どもがおのずと，様々な視点から多角的に考えていくことができるような工夫がなされているツール，いや，おのずとそのように考えていかざるをえないような工夫がこなされたツールのことです。

　「議論するツール」とは，例えばそのやり方にしたがって，子どもたちの考えを板書に整理していくだけで，おのずと，子どものたちの話し合いが，より多角的な話し合いとなり，深まっていくような，そのようなツールのことです。

　「ツールを使えば，ふつうの力量のふつうの教師が，それを用いることで，誰もが，考え議論する道徳科の授業の名手になることができる。しかも自然に！」

　これが私たち千葉グループ（千葉大学の土田雄一先生や千葉市の尾高正浩先生，諸富などを中心にした新しい道徳授業づくりの研究会）の提案です。このグループは，すでに約20年にわたって（！）今で言う「考え，議論する」タイプの新しい道徳授業を開発し，創造してきたのです。

　現場の先生方は経験的にわかると思いますが，今，学習指導要領に示されているような「子どもが主体的に自分で考え」「十分に話し合い」「その中で自分の考えをさらに深めていく」という授業は，「力量のあるすぐれた教師」であれば，もう何十年も前から，ずっと行ってきたことです。

　逆に，あまり力のない先生は，例えば道徳科の授業でも，それまでの子どもたち同士の話し合いのプロセスをほとんど無視して，「ところで，○○さんはどんな気持ちで……」「あなたが親切にしたいと思うのは」と半ば強引に授業を予定していた方向に引っ張っていくのが常でした。

　これでは，子どもたちが「真剣に考えるのは馬鹿馬鹿しい」「先生がどのような方向に授業を進めようとしているのか，それを推測して，それに沿うように発言しなくては」……このように思うようになるのも当然のことです。

　では，そのような「特別な力量のある教師」でなければ，「自分で考え，議論を重ね，その中で自分の考えが深まっていくような道徳の授業」を行うことは不可能なのでしょうか。

　子どもたち一人一人が「自分との対話」を深めていき，それを「他者との対話」によってさ

らに深化させていく，という肯定的な循環のある授業を行うことはできないのでしょうか。

　「自分のような，特に思考を深める力も，話し合いを深める力ももっていない平凡な教師は，やはり，主体的で対話的な道徳の授業を行うことなどできない」とあきらめざるをえないのでしょうか。

　私たちの答えはノー！です。

　「ほんの少しの工夫さえすれば，平凡な教師でも，自分で考え議論するタイプの道徳の授業を行うことはできる」

　「自分と対話し，他者と対話することでさらに自分との対話を深めていくような，そんな授業は，誰にでも，できる」

　私たちは，そう，思っています！

　なぜなら，本書で紹介する「考えるツール」「議論するツール」の中には，授業の名人が，例えば発問の工夫や話し合いの工夫として行っているような工夫が，すでにその中に仕掛けられているからです。

　「考えるツール」「議論するツール」には，ただそれを使うだけで，授業の名人の発問によって導かれていくような思考や話し合いを子どもたちが行うことができるような工夫が，すでに仕掛けられているのです。

　そのポイントは「視覚化」です。

　多様な角度から考え，話し合いを重ねていくことができるような「視覚的な工夫」がツールの中でなされているのです。

　特に中学校では，小学校以上に「様々な角度から考える」工夫が必要になります。

　これを発問だけで可能にするのはなかなか難しい。押しつけになってしまうこともあるでしょう。

　しかし，「考えるツール」を用いると，子どもたちは，ただ，ワークシートに記入していくだけで，おのずと，様々な角度からものを考えていくことができるようになっています。そのような「仕掛け」が，「考えるツール」の中でなされているからです。

　これさえあれば，百人力。

　もう，何も怖いものはありません。

　「考えるツール」「議論するツール」を使うことで，あなたは明日からおのずと，子どもたちが自分で考え，話し合いを重ねていく中で自分の考えを深めていくことができるような，そんな授業ができる教師になれているはずです！

（諸富祥彦）

Contents

議論するツール

3章 考えるツール＆議論するツールでつくる新授業プラン

おわりに

1章

ツールを使えば必ずできる！
「考え，議論する道徳」の
授業づくり

考え，議論するためのツールの必要性

● なぜ，「考え，議論するためのツール」が必要なのか

　なぜ，「考え，議論するためのツール」が必要なのか。それは，名人芸に頼らなくても，一定レベル以上の道徳的思考と，一定レベル以上の道徳的な話し合いとを可能にするためです。

　道徳授業に熟達した教師でなくても，授業の名人・達人でなくても，つまり，若手の，ふつうの教師であっても，あるいは，道徳授業にほとんど親しみがなかった教師であっても，一定レベル以上の道徳的な思考と，一定レベル以上の道徳的な話し合いとを可能にしてくれるもの。それが「ツール」なのです。「ツール」を用いることによって，個人の力量の差や経験の差，授業の熟達度合いの差をかなり埋めることができるのです。

　主体的で対話的な授業は，「知識を教える」タイプの授業に比べて，個人の力量の違いが出やすいです。授業が下手な教師と，授業のうまい教師。その違いが顕著になりやすいのです。

　「考え，議論する道徳科の授業」が提唱されるにつれて，従来行われてきた「価値を教える道徳」「価値の内面化の道徳」だけでは，不十分だとみなされるようになってきました。必要ではあるが，それだけでは，不十分だ，と考えられてきたのです。

　一人一人の子どもたちに，道徳にまつわるコンピテンシー（資質・能力）を育てるためには，読み物教材の「主人公の気持ち」に焦点を当てて，「どのような気持ちで……」と問うていくだけでは，十分ではない。子どもたち一人一人が，道徳的問題について「いったい，どうすれば……」と多角的な視点から，自分で考えぬくことができる道徳の授業でなければならない。また，一人で考えるだけでなく，グループや学級の他の子どもたちと話し合いを重ね，その話し合いの中で，さらに自分の思考を深めていくことができる。そのような「主体的」に自分で考え，「対話的」に話し合う中でさらに自分の主体的思考を深めていくという，そういう道徳の授業が求められるようになってきたのです。

　そこで「では，どうすればいいの？」と全国の教師が頭を悩ませているわけです。

　たしかに，これは，大問題と言えば，大問題です。

　子どもたち一人一人が，「主体的」に自分で考えて，自分自身と対話し，さらに他の子や教師と話し合う中で刺激を受けて，さらに自分との対話（主体的思考）を深めていくという，そういう道徳の授業を行うには，教師としてかなりの力量が必要とされるからです。

　「子どもが主体的に自分で考え」「十分に話し合い」「その中で自分の考えをさらに深めていく」という授業は，「力量のあるすぐれた教師」がもう何十年も前から，ずっと行ってきたこ

とで，それが多くの教師に求められるようになったのです。

　そんなの無理だ，そういう授業は一握りの授業の達人だけが行えるものだ，と思われる方もいるかもしれません。そうではない，と私は思います。そして，ふつうの力量のふつうの教師であっても，一定レベルの道徳的思考と道徳的な話し合いを子どもたちが行うよう促すことができる具体的な手法，それが「考えるツール」「議論するツール」です。

🎯 道徳的な思考とは　道徳的な話し合いとは

　では，一定レベル以上の道徳的思考と道徳的な話し合いを特徴づけるものは何か。

　それは「多角的」で「多視点的」な思考であり，話し合いであることです。

　これは「公正さ＝正しさ」の定義にかかわる問題です。つまり，「公正さ＝正しさ」とは，ある道徳的な問題について，特定の視点，特定の立場からのみ解決法を導き出すのではなくて，その問題にかかわる可能な限り多様な視点，可能な限り多様な立場に仮想的に立ちながら，解決法を導き出そうとしていく，そうした姿勢のことです。

　「深い思考」「深い自己との対話」が行えるようになるためには，一つのものごとについて，様々な視点，様々な角度に立って，柔軟で，粘り強く，考え続ける思考のトレーニングが必要になります。

　「Aといったら，Aなんだ！」

　「当然，Bが正しいに決まっている！」

　このような，特定の立場から特定の解決法を導き出そうする短絡的な，短気な思考法では，「深い思考」「深い自己との対話」を行うことはできません。

　ある思考が「深い思考」「深い自己との対話」であるためには，「Aの視点でAの立ち位置もしくはAの角度から見れば，この問題はこのように見え，それゆえ，こうするのが正しいように思われるが，Bの視点に立ちBの立ち位置もしくはBの角度から見れば，この問題がはたまたこのように見え，それゆえ，こうするのが正しいように思われる。そしてまたCの視点でCの立ち位置もしくはCの角度から見れば，この問題はこのように見え，それゆえ……」というように，粘り強く，かつ，柔軟に，可能な限り，あらゆる立場に立って考え続けることが大切です。このプロセスの中で「自己との対話」は深められていくのです。

　そしてその末に，もしも，どの立場から見ても，そうするのが正しいように思われる解決を得られるならば，それを求めていくのが，道徳的な思考であり，「公正なる姿勢での思考」ということになります。

　想定しうる可能な限りのすべての立場に立って，どの立場から見てもそうするのが正しいと思われるような答えを見いだそうとする，あるいは，そうした答えが容易には見いだせないときの緊張に耐えながら，粘り強く，柔軟に最適な解を求めようとし続ける。そうした姿勢が道徳的な姿勢であり，「深い思考」につながります。

それは「Aが正しい」「Bが正しい」などと，特定の視点に立って，短絡的に，短気にものを考えないようにしていく姿勢のことであるとも言えるでしょう。深くものを考えるとは，「○○が正しい，などと簡単に言うことはできない。なぜならば一つの問題には，じつに様々な人が，様々な立場で，様々な角度からかかわっていて，どの立場から見るかによって，ものごとはまったく違って見えてくるからだ」ということをよく知っており，そのことをわかった上で粘り強く思考し続けることです。

● 多視点的，多角的にものごとを見て，考え，話し合っていくという「型」を予め組み込んであるのがツール

　では，この「可能な限り，すべての視点に立ってものを考える力」を子どもたちにどのように育むことができるでしょうか。

　それは「可能な限り，あらゆる人の立場に立って考えなさい！」と教師が叫んだところで，可能になるものではありません。

　熟達した教師であれば，授業の流れの中で「そうだね。たしかにそう考えることもできますね。Aさんの視点に立って，Aさんの立ち位置から見れば，そうするのが正しいようにも思われますね。では，このことをBさんの立場から見るとどうでしょうか。Bさんの視点に立って，Bさんの立ち位置から見れば，この同じ問題はどのように見えて，どうするのが正しいように思われるでしょうか」といったように，発問で，子どもたちの思考の立ち位置を上手に変位させていくこともできるでしょう。

　しかしそれには，相当の技量が必要になります。

　これを解決してくれるのが本書で提案するツールです。

　「可能な限り，すべての立場，すべての視点に立ってものを考え，話し合っていく」「深く自己と対話しながら他者との対話を深めていく」という「思考や話し合いに特徴的な型」を，予めそのうちに組み込んであるのが考えるツールであり，議論するツールです。

　だから，ただこのワークシートに取り組んでいくだけで子どもたちはおのずと，多角的，多面的，多視点的な思考，自己との対話へと誘われていくのです。

　自分一人で道徳的問題について考えてワークシートに書き込んでいく場面。その場面で「Aの視点でAの立ち位置もしくはAの角度から見れば，この問題はこのように見え，それゆえ，こうするのが正しいように思われるが，Bの視点に立ちBの立ち位置もしくはBの角度から見れば，この問題はまたこのように見え，それゆえ，こうするのが正しいように思われる。そしてまたCの視点でCの立ち位置もしくはCの角度から見れば，この問題はこのように見え，それゆえ……」とものを考えていく。そのような思考の「型」がワークシートの中にはすでに，埋め込まれているのです。

　あるいは，クラス全体で道徳的問題について話し合っていく場面，その場面でも「Aの視点

でＡの立ち位置もしくはＡの角度から見れば，この問題はこのように見え，それゆえ，こうするのが正しいように思われるが，Ｂの視点に立ちＢの立ち位置もしくはＢの角度から見れば，たしかにこの問題はまったく異なるように見え，それゆえ，こうするのが正しいように思われる。そしてまたＣの視点でＣの立ち位置もしくはＣの角度から見れば，この問題はこのように見え，それゆえ……」とものを考えていく。そのような話し合いの「型」が，板書の工夫には埋め込まれているのです。

　すなわち，「考えるツール」とは，ワークシートにそって書き込んでいくだけで，子どもはおのずと，様々な視点から多角的に考えていくことができるような工夫，いや，おのずとそのように考えていかざるをえないような工夫がこなされたツールのことです。「議論するツール」とは，それにしたがって子どもたちの考えを板書に整理していくだけで，おのずと，子どもたちの話し合いが，より多角的な話し合いとなり，深まっていくような，そのようなツールのことです。それゆえ，特段に優れた技量をもった教師でなくても，ツールを活用することによって「多視点的に，多角的にものごとを考えていく」という「道徳的な思考や話し合いの型」をおのずと，身につけさせていくことができるのです。

　このことはひとり道徳科のみに当てはまることではもちろんありません。他の教科でも同様にツールの活用は大きな意義があります。「主体的」に自分で考え，「対話的」に話し合う中でさらに自分の主体的思考を深めていく。自分自身と対話し，他者と対話する中で，自分との対話がさらに深められていく。そういう授業に，初心者でもためらいなく，取り組むことを可能にしてくれるもの，それが「ツール」なのです。

「ツール」を用いる際の留意点
──「その他」（未知の選択肢）に開かれてあること

　ツールは，思考や話し合いの「型」を提供するものです。そのためツールを用いることで一定レベル以上の思考や議論が可能になります。そこで教師が留意すべきは文字どおり，子どもの思考や議論を「型にはめる」ことがないようにすることです。

　まず注意すべきは，思考や議論の選択肢として「その他」を必ず置くことです。

　子どもたちの中には，教師が思いもよらなかったことを考えついたり論点として提示してくる子どもがいます。子どもたちの中には，必ず，教師よりも優れた子どもがいるのです！

　これを忘れてはなりません！

　教師にとって「想定外の子どもの考え」「想定外の展開」に開かれた態度を保ちましょう。つまり，教師が思いもよらなかった「未知なる暗黙の選択肢」に開かれてあるために，授業で教師が提示する選択肢には，「その他」という選択肢を必ず置くようにしてほしいのです。「その他」をどのように生かすことができるかで，教師の力量が問われるのです。

（諸富祥彦）

ツール活用の面白さ

● 考えるツールを道徳授業で活用する

　「考えるツール」を活用することは中学校の道徳授業に向いています。それは，生徒の発達段階と既習経験によるものです。

　発達段階を考えると，中学生は批判的思考が育ち，様々な視点から物事を考えることができるようになります。道徳教材の問題場面に対して，「考えるツール」や「議論するツール」を活用しながら取り組むことでより深く問題を考えることができるようになります。

　その具体的な理由を述べる前に私が道徳授業で思考ツールを活用するようになったきっかけを紹介します。

　私は平成15年頃から，「思考ツール」の一つである「ウェビング」を活用して，主人公の複雑な気持ちや葛藤を視覚的に表すことができないかと考えていました。平成17年，小学校5年生に「サルも人も愛した写真家」（NHK「道徳ドキュメント」）を活用して道徳授業をしたときのことです。主人公の動物写真家松岡さんの「サルの駆除に協力してほしい」という電話に協力するかどうか迷う場面を，「協力する」「協力しない」の両面から「ウェビング」を活用して考えさせたのです。すると子どもたちは，「村人の思い」と「大切なサルへの思い」等の両面から，松岡さんの気持ちを様々な視点で考えることができました。そして，「サルの命」を大事にしながらも「協力することがサルのためにもなる」と考えを深めることができました。ウェビングを活用し，思考を広げた上で，話し合い，判断をした結果でした。私にとって「ウェビングは道徳授業で活用できる！」と確信した授業となりました。

　この実践は小学生でしたが，中学生であれば「ウェビング」の活用はさらに容易であり，もっと多面的・多角的に考え，様々な視点から話し合うことができるでしょう。例えば，「協力するか」「協力しないか」以外の視点を考えたり，「法律」の視点（天然記念物の保護）から考えたり，「職業としての動物写真家」について考えたり，さらに「サルが増えた理由・原因（保護政策の効果と温暖化）」について考えたりするのではないでしょうか。その視点の広がりは，知識や既習経験の差であり，客観的思考力や批判的思考力が育っているためです。

　このように，一筋縄ではいかない現実の問題場面でどのように考え，よりよい意思決定をするかは中学生にとって，とても意味のあることです。

　当時，私が「ウェビングの活用」を提唱していたのには2つの理由がありました。

　1つ目は「道徳の問題場面を他の教科で活用している思考ツールを使って考えることは子ど

もたちにとって自然なことなのではないか」ということです。小学生の頃から，各教科や総合的な学習の時間などでウェビングを活用しながら，多面的・多角的に考えた経験は「道徳的問題場面での主人公の気持ちや言動等を考えること」につながると考えたのです。子どもたちにとって「道徳的問題」をこれまで学んできた知見を総動員して考え，解決していくことこそ，道徳授業で育てる力であり，生きて働く力となるのではないでしょうか。そして，それは批判的思考力や客観的思考力が育つ中学生にぴったりの手法（思考ツール）だと考えます。

　２つ目は「汎用性が高く，実生活で活用できる」点です。道徳で学んだことが道徳の時間でしか生かせないのはもったいないことです。実生活で自分が直面した課題（悩み）について，「ウェビング（思考ツール）」を活用しながら自分で両面から考え，問題を整理して意思決定をすることがよりよい決断，よりよい生き方につながるのではないかと考えたのです。様々な悩みに直面する思春期の中学生にぜひ活用してほしい思考ツールです。友達関係や部活動等での人間関係の悩みや進路選択の問題等，生徒にウェビングを活用しながら自分で自分の問題（課題）を考えてほしいのです。客観的な思考や批判的な思考を働かせながら，自分で自分の課題を整理して解決する力こそ，将来，生きて働く力となるのです。

　道徳の時間は生徒にとって自分の生き方を考える貴重な時間です。様々な「考えるツール」を活用しながら道徳的問題を考えることは人生をよりよいものにすることにつながります。

　現在，ウェビングは，一般的な手法として認知され，多くの道徳授業で活用されていますが，本書では，考えるツールはほかにもあり，生徒が他の学習でも活用しているものがあることから，それらの特徴を生かした授業実践を紹介し，道徳授業の充実を図ることを目指しています。なお，一部のツールは関西大学教授・黒上晴夫氏の「シンキングツール」(http://ks-lab.net/haruo/thinking_tool/short.pdf) を参考にし，実践自体はオリジナルなものにしています。

ツールで白熱した話し合いをつくる

　これからの道徳の授業は「考え，議論する道徳」というキーワードが示すように，これまでの登場人物の心情理解に偏った指導方法の改善が求められています。しかし，教材とねらいによって，「議論する」ことが道徳授業として必要なのかどうかは見極めなければなりません。「主体的・対話的で深い学び」のある道徳授業こそ，本来，目指しているものです。

　その際，「議論するツール」（話し合いのツール）があるとより授業が活性化します。

　例えば，「役割取得」です。「ぼくらの村の未来」（「ココロ部！」NHK for School）では，番組の中にあるように，道路を造ることに「賛成」の立場と「反対」の立場に分かれて授業で意見を交換します。どちらも「よりよい村の未来を願う気持ちは同じである」ところが道徳授業としての落としどころです。様々な角度から現実にも起こりうる問題を考え意思決定することこそ，子どもたちに必要な力です。

また，「付箋」を活用して，自分の考えを整理し，グループでお互いに聴き合う授業も，友達と意見を交流し，それぞれを尊重しながら自分が大切にしたいものを明確にしていく授業形態です。

● 教師が「多面的・多角的に考える道徳授業」を体験しよう

小中学校の先生方を対象としたある道徳研修会に講師として参加したときのことです。考え，議論する道徳の具体的な授業について，「模擬授業を中心」に実施しました。「最後のリレー」（「ココロ部！」前掲）を視聴し，話し合いました。この教材はキャプテンのコジマがタクヤ（親友）の足首のけがを監督に伝えるかどうか悩むものです。他のリレーメンバーに相談していることから，「キャプテン・コジマはどうしたらよいだろうか」と発問し，「①個人」で考えた後，「②グループで意見交換をしながらよりよいもの」を検討しました。そして，グループごとの意見を発表し合い，キャプテン・コジマはどうしたらよいか「③全体」で考えました。その結果をもとに「④自分で学んだことを振り返る」模擬授業です。ねらいは「役割と責任」が中心で関連する内容項目を「信頼・友情」としました。

その研修では各グループで熱い議論がなされ，研修後の先生方のコメントには「考え，議論する道徳とはこのようなものだったのか」「メンバーと意見の交換をしながら考えが深まっていくことが実感できた」と書かれていました。

「これまでの授業を変えるには教師自身がその方法を知るだけでなく，長所短所を体験的に学ぶ必要がある」と考えます。「やってみてわかること」は必ずありますね。

私は担当する教職大学院の授業でも理論だけでなく，実際に体験してもらうことを重視しています。普段は「教える立場」の先生が「子ども」として参加することで，その教材や指導方法，発問等の「良さ」と「課題」が見えてくるのです。

例えば，ウェビングを活用する道徳授業例として，「白玉しるこ」（土田自作）という教材を活用した模擬授業をします。あらすじは「母親の誕生日に家族でレストランにいった主人公が頼んだデザートと違うものがきたときにどうするか」というものです。内容はいたってシンプルですが，小学校だけでなく，中学校でも活用できる教材です。

まず，主人公が，デザートが頼んだものと違っていることを店員に「言おうか」「言わないでおこうか」悩む理由を「両面からウェビングを活用して」考えてもらいます。「言わないでおく」理由には，「はずかしい」「こちらも好き」や「（捨てられたら）もったいない」「店員がかわいそう」「店員に悪い」等のほか，母の誕生日なので「雰囲気を壊したくない」「（再注文は）家族を待たせる」等，家族を考えた理由が出てきます。（図）

同様に「（店員に）言う」では，「迷って決めたから食べたい」「店員に教える」「間違いを繰り返さないでほしい」のほか，「ほかのお客さんのものかもしれない」などの意見も出ます。中には「家族も間違いを知っているからちゃんと話した方がよい」という意見もありました。

ここで注目すべきは「言う」の中に「店員」を考えた理由があり，「言わない」の中にも「店員」を思っての理由があることです（同様に「家族」を考えた理由が両方にあることも）。

図　「白玉しるこ」（板書）土田，2016

　そこで，主人公中心の考えから，視点を変えて考えさせます。「店員だったらどうしてほしいのか」と問うと，「叱られるからそのままにしてほしい」という意見もあれば，「言ってほしい」という意見もあります。「後でわかるよりその場で教えてほしい」「ほかのお客さんのものだったら困る」等のほか，ある小学校6年生の授業では「お客さんに間違ったものを出したままではお店の信用にかかわる」という意見もありました。

　その上で，「もやもやした主人公が自分も周りもすっきりするにはどうしたらよいか」と投げかけると「ちゃんと伝えた方がよい」という方向になります。

　そこで，「では，どのように伝えるのか」と考えさせ，「実際にやってもらう」という方法をとっています。つまり「役割演技」をすることで伝えるときの気持ちや店員の気持ちなどをより考えられるようにするのです。やってみてわかることもたくさんあります。伝え方によって相手の気持ちも違います。ソーシャルスキル的な内容になりますが，「問題場面でどのようにふるまうか」はとても大切な課題であり，台本のない場面で相手を考えた言動こそ，社会で生きるために必要な力だと思っています（私は「飛び込み授業」で，中学生に授業したことがありますが，場面がイメージしやすく，生徒の反応もよかったです）。

　教員研修でもこの模擬授業を実施すると「多面的・多角的」の意味や「問題解決的な学習」，「道徳的行為の体験的学習」についても理解がぐっと深まりますし，その効果も納得していただけます。「教員がその意味と効果を実感する」ことが道徳授業改善の近道ではないでしょうか。

話し合いを活発にするために～自分の話を聴いてもらっている感覚があるか～

　「道徳の時間の話し合いを活発にするにはどうしたらよいですか？」という質問を受けることがあります。中学校では特に大切な課題ですよね。私は「ほかの授業ではどのようにしてい

ますか？」と逆に問い返します。生徒にとって，他の授業と同様に大切な時間が道徳の時間であり，自分の考えを自由に話せる時間でもあります。

では，最も大切なことは何か。まずは，「自分の話をちゃんと聴いてもらっている感覚がもてること」です。そのためには「ペアトーク」や「聴き合い活動」等が有効です。その時も「きちんと相手の話を聴く」という大原則が守られる必要があります。「トーキングサークル」（p.38）でも「トーキングピースを持っている人の話を聴くこと」が大原則になります。つまり，一人一人がお互いの話を聴き合える関係ができていれば，道徳の時間の話し合いもより活発になり，自分の考えを深めることにつながるのです。「一人一人の考えを尊重する学級」「お互いが認め合う学級」こそが道徳授業を活性化する基盤となります。

● 「評価」の視点から授業を考える

道徳科は評価があります。指導要録にも記載するスペースが設けられています。

「子どもたちをどのように評価したらよいのか」悩む先生方も少なくありません。道徳科の評価において，児童生徒を見取る視点は主に次の２点です。

①児童生徒がより多面的・多角的な見方へと発展しているか。
②道徳的価値の理解を自分とのかかわりの中で深めているか。

これらを「大くくりなまとまり」を踏まえた「個人内評価」でします。

ここで，考えていただきたいのですが，「指導と評価の一体化」と言われるように本来，「①や②の成長が期待できるような授業をしているか」が「指導の評価」です。自分の道徳授業を見つめ直すことがこれまで以上に重要です。つまり，日常の道徳授業が従来どおりの主人公の心情を場面ごとに追うような授業であるとすれば，「②道徳的価値の理解を自分とのかかわりの中で深めている」ことはできたとしても「①児童生徒がより多面的・多角的な見方へと発展しているか」を期待することは難しいのではないかと思います。もちろん「発問の工夫」によって，多面的・多角的に考えさせることはできます。さらに「思考ツール」「議論するツール」を活用することによって，この２つの評価の視点は達成しやすくなるのではないでしょうか。

すなわち，道徳科の評価の観点からも「思考ツール」「議論するツール」を活用した授業改善が有効なのではないかと考えます。

さらに中学生には「自己評価の充実」も求められています。道徳授業での学びを自分自身で振り返る必要があります。思考ツールや議論するツールを活用した道徳授業の記録（ノートやワークシート）を見直し，学びを振り返り，自分の変化を見つめさせることも重要です。

（土田雄一）

● 思考ツールの活用は，ねらいの達成のためである

これまで「思考ツール」「議論するツール」について，その有用性を具体的に述べてきました。思考ツールを活用すると言うと，「どのように活用するか」といった授業での活用の仕方に目が向きがちです。

先に紹介したように，思考ツールを活用すると授業が活性化します。生徒の思考は，時に教師が想定していた以上の広がりを見せることもあります。しかし，思考が広がるだけでは授業のねらいは達成できません。その広がった思考を生かすには授業のねらいを焦点化することが大切です。授業のねらいが曖昧で，思考ツールの活用方法ばかりに気をとられると，生徒の活動は活発に見えますが，思考に深まりが見られません。思考ツールはあくまでも授業の「道徳的ねらいを達成するための方法（手段）」であることに常に留意しておく必要があります。

そのためには授業のねらいがしっかりしていることが大切です。生徒にその授業で何を考えさせたいのか，授業を通してどう成長してほしいのかを明確にします。併せて，「教材の分析」が重要です。主人公の心の動きや場面転換等を分析し，ねらいに迫るために，どこで何を考えさせるのか，どのように考えさせるのか，考えさせるためにどのような手立てを用いるのか等を考えて，思考ツールを活用する，それが，ねらいを達成するためのポイントです。

● 思考ツールを活用した授業構成のポイント

授業構成の中で，どこでどのような思考ツールが有効かを検討します（右図）。例えば，道徳的課題を発見するために導入で活用することもできます（例：「同心円チャート」p.33）。最も多く活用されるのは中心発問として道徳的課題を解決する場面です（例：「ウェビング」p.20，「クラゲチャート」p.26 他）。ま

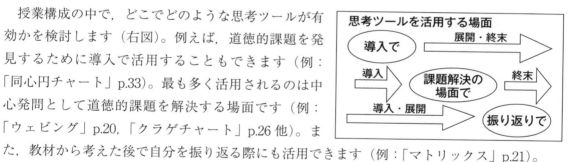

た，教材から考えた後で自分を振り返る際にも活用できます（例：「マトリックス」p.21）。

より多面的・多角的な思考を促すためには，発問や切り返しも重要です。生徒に考えさせたい点について，生徒の思考が深まっていない場合には，切り返しの発問をしたり，気づいていない視点を意図的に考えさせたりすることで，生徒の思考を促します。

このような授業を積み重ねるうちに，生徒が自ら道徳的問題を発見し，様々な思考ツールからどの思考ツールが考えやすいのか自分で選び，それを用いて考え始めるようになるでしょう。思考ツールを活用することは，生徒が考える力や議論する方法を身につけることになるのです。様々な思考ツールを活用し，いろいろな立場から考え，他者と議論して新たな視点を得る「主体的・対話的で深い学び」を実践してみませんか。

(松田憲子)

2章

活用方法がすぐわかる！
考えるツール＆
議論するツール

考えるツール

● ウェビング

❶特徴

　「ウェビング」（webbing）とは，「考えを蜘蛛の巣上に広げていく思考方法」です。物事を短い言葉でつなげながら関連づけて考えることができる手法です。例えば，中央に作品のテーマなどを置いて，そこからイメージされる関連するものや思い浮かんだものを表現します。拡散的思考を促すものです。総合的な学習の時間のテーマ設定や国語の作文の材料探しなど活用方法は多岐に渡ります。

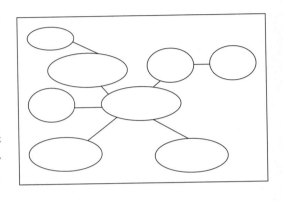

　イメージマップと呼ばれて活用されることもありますが，広義には「マッピング（図で考える手法)」の一つと言ってよいでしょう。

❷道徳授業で活用するポイント＆留意点

　道徳授業においては，登場人物の気持ちを考えたり，葛藤場面で様々な角度や視点から問題を考えたりすることができます。手軽に活用でき，多面的・多角的に物事を考えることができる汎用性が高い思考ツールです。

　長所としては，①短い言葉で簡単に表現できる，②様々な角度から考えられる，③本音が書きやすい，④可視性に優れる，⑤思考のプロセスがわかりやすい，⑥加筆がしやすい，⑦自己評価の材料となる，等が挙げられます。「自己評価の材料となる」とは，ワークシート（ノート）を読み返したとき，思考のプロセスが可視化され，自分がどのように考えていたのかわかりやすいことからです。

　また，板書方法として，子どもの発言や考えをランダムに書くのではなく，内容ごとにエリアを決めて書くとよいでしょう。エリアにまとめると思考の整理にもなります。

　短所としては，①やや時間がかかる，②（教師も子どもも）やり方になれる必要がある，③向いていない教材がある，等でしょう。

🔴 座標軸（マトリックス）

❶特徴

　「座標軸」とは数学ではX軸Y軸のような座標を決めるための基準となる数直線のことです。そのほか，物事の基準などを意味します。テーマに対して，縦軸（上下）と横軸（左右）を決めて，それに対応する特徴を示していくものです。右図では「関係性」を縦軸に「目標」を横軸として「ＰＭ理論」を図にしたものです。目標（Performance）をしっかり意識し，チームの関係性（Maintenance＝健全な状態に保つための維持・点検の意

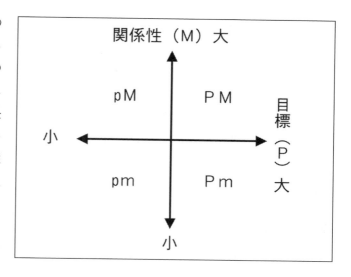

味）がよい状態であれば，「ＰＭ型」として活性化された意欲的なチームとなることを示しています。このように縦軸と横軸の基準に対してどのような位置にいるかを示すものが座標です。

❷道徳授業で活用するポイント＆留意点

　道徳授業では，自分の考えがどの位置にあるのかを示すときに有効です。例えば，「スケール」のような数直線では「よい」「悪い」の軸だけですが，「しようと思う」「しようと思わない」のもう一つの軸を加えることで「よい」と考えているが「しようと思う」と判断する生徒と「しようと思わない」と考える生徒が出てもその位置がわかります。また，

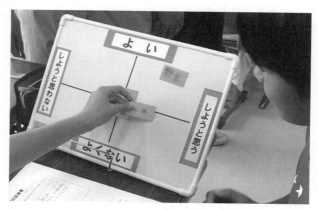

軸に「目盛」をつけるとその位置をより細かく示すことができます。座標軸によって自分の考えや立場を明確にした話し合いができます。

　留意点としてはねらいに応じて「どういう軸を設定するか」です。座標軸の作成がゴールではなく，ねらいを達成するための手立てであることに留意する必要があります。

● ランキング

❶特徴

　ランキング（ranking）とは「物事に順位をつける」ことです。社会科等では，例えば「米の収穫量ベスト 10」のように「テーマとなるものに対して順位づけをすること」です。「今，しなくてはならないこと」を書き出して，順位づけをすることもランキングの一つと言ってよいでしょう。

　「ビンゴ」（p.35）の作成も実はランキングの一つと言えます。

❷道徳授業で活用するポイント＆留意点

　道徳授業で，将来の夢を実現するために大切なことを考えたとき，思いつくものを書き出した後で，順位づけをする作業がランキングです。「何が大切か」を考える際に整理する手法として有効です。右図のようにテーマに合わせたランキングの表を用いて順位づけをする方法があります。表には「その他」も入れることがポイントです。

　「付箋」と併せて活用するのもよいでしょう。付箋は手軽に移動ができます。考えの変化にも対応しやすくなります。「ランキング」をもとにして，「聴き合い活動」でより深めることができます。

● ベン図

❶特徴

　部分集合・結び・交わりなどの集合間の関係を視覚的にわかりやすく図に表したものです。イギリスの論理学者ベン（J.Venn）にちなんでいるそうです。例えば２つの物事の相違点と共通点（重なり）を視覚的に表すことができます。（３つの関係性を表したものも）共通点と相違点が視覚的にわかりやすいのが特徴で，多くの教科で用いることができる手法です。

行ってみたい国ランキング		
	国名	理由
1	アメリカ	
2	タイ	
3	フィンランド	

❷道徳授業で活用するポイント＆留意点

　道徳授業では，AかBか選択を迫られる場面があります。それらの長所と短所を分類・整理する方法（マトリックス等）もありますが，ベン図では重なりを「共通の思い」として整理することができます。例えば，「ぼくらの村の未来」（「ココロ部！」NHK for School）では道路建設に賛成の理由と反対の理由をそれぞれの円の中に挙げていき，重なり合う部分には，「村を大切に思う心」が入ります。このように違いを整理することができるほか，共通の思いに気づくこともできます。

🖤 スケール

❶特徴

　ここで扱う「スケール」とは「ものさし」の意味です。大きさの規模を表すスケールとはやや異なる意味で使います。物事の度合いを数値化する方法（スケーリング）です。例えば，ラーメンが「好き」か「嫌い」かの度合いを数値化（とても好き＝5点，とても嫌い＝－5点）すると好き（嫌い）な度合いが一目でわかりますし，人により同じ「好き」の範疇でもその度合いが違うことがわかります。また，「する」か「しない」などの行動選択では，どちらかと言えば「する」の度合いがその人の思いを表現することになります。

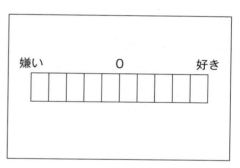

❷道徳授業で活用するポイント＆留意点

　道徳授業で活用する「スケーリング」の例としては，「校則はないほうがよいか」という課題の場合，賛成か，反対かの度合いを考えるときに使います。中央を0（中立）とし，左右の位置でその度合いを示す方法で，はっきり賛成（反対）の場合は「スケール」の左（右）端になります。この方法は学習前後の変化がわかりやすいのが特長です。微妙な違いを表現できます。その場所にした理由を話し合うことがポイントです。どちらも「自分の考えを明確にする」ことと「他者との比較」ができる良さがあります。

　その度合いを80点や30点などのように点数で表す方法もあります。

● Ｘチャート・Ｙチャート

❶特徴

　Ｘチャートは４つの視点，Ｙチャートであれば，３つの視点から問題を考えたり，情報を整理したりできます。

　各教科の授業においては，情報の分類・整理に活用できます。考える立場（視点）を決めて，それらの視点で情報を収集し，チャート図に整理することができます。

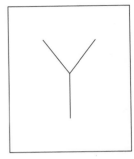

❷道徳授業で活用するポイント＆留意点

　道徳授業では，考える立場（視点）を検討してから進めるとよいでしょう。例えば，「私が目指した白」（光村図書）を活用した実践では「探求をして得られるもの」をチャート図で考えています。「精神面の充実」「能力の向上」「人間関係の広がり・その他」の視点で考えることによって，生徒がイメージしづらいものを明確にすることができました。

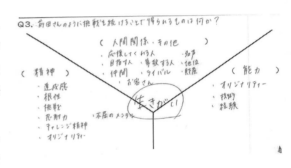

● 熊手チャート

❶特徴

　熊手チャートは，テーマ（課題）に対して，様々なアイデア（考え）を広げ，多面的・多角的に考えることができる方法です。まず，熊手の「柄」の部分にテーマ（課題）を書き，次に熊手の「手（歯）」の部分に考えを書き入れます。熊手の手の数が決められているので，自由な発想よりも少し吟味をしながら考えることができます。（もちろん手の数を増やすことも可です）

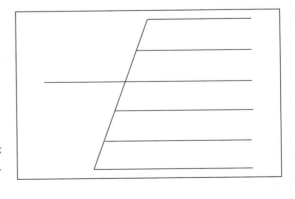

　また，「手（歯）」の部分に視点を書き入れておくと考えやすくなります。

❷道徳授業で活用するポイント＆留意点

熊手チャートは問題に対して，様々な視点から考える場面で特に有効です。多面的・多角的に物事を考える力を養うことができます。熊手の手の部分に自由に書かせる方法もありますが，「視点」をもたせるとより考えが深まりやすくなります。「生徒に考える視点を考えさせる」とよいでしょう。右図は「図書館はだれのもの」（教育出版：小学校5年）

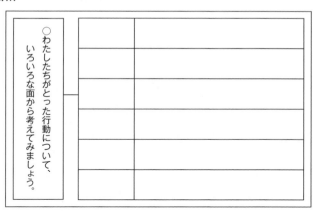

で活用した例です。図書館で大きな声で相談している「わたし」や「みちおさん」に対して「大学生」が注意をする話ですが，「来館者」「図書館員」等の視点のほかに「きまり」も加えて考えたものです。

はじめから考える視点を与える方法もありますが，視点を生徒に考えさせることで，より主体的に問題に取り組めます。さらに，問題場面で考える必要がある視点がわかってきます。この熊手チャートの整理により，「きまりの意義の理解」「きまりを守ろうとする心を育てる」ことにつながるかどうかが道徳授業でのポイントです。

● データチャート

❶特徴

データチャートは，情報整理表です。テーマ（課題）に対してトピックごとに分類・整理する方法です。右表のように，課題に対して「方法」と「実現度」の情報をさらに細かく分類し比較しているのが特長です。

例えば，「温暖化対策」をテーマとしたとき，「方法」と「実現度」をトピックにし，さらに細分化して分類・分析をする方法です。社会科や理科をはじめ様々な授業で活用できます。トピックをどのようにするかがポイントです。

温暖化対策		実現度				
		費用	時間	効果	参画度	対応
方法	工場のCO₂削減	莫大	期限を決めて	◎	×	世界規模で
	省エネ生活	小	とてもかかる	少ない	◎	世界規模で
	エコバッグ	小	とてもかかる	少ない	◎	世界規模で
	自動車排ガス規制	大	期限を決めて	○	×	世界規模で
	森林保護	大	かかる	○	△	世界規模で

❷道徳授業で活用するポイント＆留意点

　道徳授業でも問題場面での情報整理をする
ときに有効です。しかし，情報を整理・分析
するだけでは道徳の授業として不十分です。
右図では「絵はがきの料金不足を伝えるか」
に対してそれぞれの「立場」で考えただけで
なく，「その結果（友情は？）」の列を入れて
います。行為と思いとその結果を考えなが
ら，「友情」について考えを深める学習に活

「絵はがき」料金不足		立　場		その結果（友情は？）
		ひろ子さんにとって	正子さんにとって	
方法	不足を伝える			
	不足を伝えない			

用しています。整理・分析したものをどう活用するかがポイントです。

🔵 クラゲチャート

❶特徴

　「クラゲチャート」とは，「テーマ（課題）
に対して，それに対する根拠や原因となる考
えを整理する思考方法」です。まず，クラゲ
の頭の部分に「テーマ（課題）」を書きま
す。それに対して根拠や原因となるものを足
の部分の円に書きます。足の数は減らすこと
も書き足しすることもできます。

　例えば，「食品ロスを減らす」というテー
マをクラゲの頭の部分に書き，その原因とな

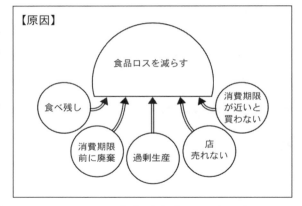

るもの「食べ残し」「消費期限前に廃棄」等をクラゲの足の円に書き込むものです。また，そ
の逆に，足に書いた要因から「まとめ」をクラゲの頭に書く方法もあります。「クラゲ」とい
う形がユニークで「テーマ」と「原因・根拠」との関係がわかりやすいので子どもたちは意欲
的に取り組めます。

❷道徳授業で活用するポイント＆留意点

　道徳授業においては，葛藤場面で様々な角
度や視点から問題を考えたりするときに有効
です。右図のように２つ活用することもでき
ます。「本を守るための図書館の取り組み」
に対して「カウンターの中で管理」と「カウ
ンターの外で自由に」について，両面からそ

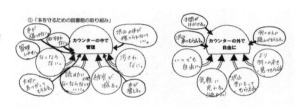

の理由をクラゲの足（円）に記入させています。クラゲの足は生徒にとって書きやすく，考え
が視覚的に整理されます。たくさんの足をつけ足しながら考えることで，多面的・多角的に物
事を考えることができます。その後の話し合いがしやすくなります。（「本が泣いています」東
京書籍：中学校1年）

● ピラミッドチャート

❶特徴

　ピラミッドチャートとは段階的に思考を
構造化する思考ツールです。例えば，まず
テーマに対して調べたことを①にたくさん
箇条書きで書きます。移動がしやすいよう
に付箋を使うのもよいでしょう。次にその
中からテーマに対して②で主張したい事実
を絞ります。さらに③にその中から最も取
り上げたいものに意見を加えて書きます。
この3段階のプロセスを通してテーマに対
して，自分が主張したい内容が明確になっ

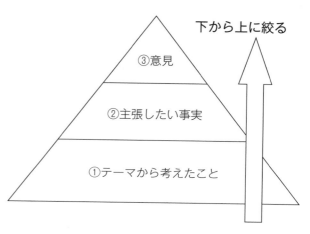

てきます。具体的には「温暖化防止を考える」テーマであれば，「温暖化の原因」を①に挙げ，
特に重要であることや自分たちも関与できることを②に書きます。そして，さらに自分が取り
組めるものを根拠と共に③に書きます。このように考えを段階的・構造的に整理する方法です。

❷道徳授業で活用するポイント＆留意点

　道徳授業ではたくさんある考えの中から
話し合いを通して大切なものを明確にする
プロセスとして活用できます。右図は「何
ために働くのか」を問いとして作成したピ
ラミッドチャートです。下段には働く理由
として思いついたもの書きます。中段には
その中で大切だと思うことを選びます。さ
らに上段には特に大事にしたいものを理由
とともに明確にします。右図では「利用者
さんの笑顔」「喜んでもらう」が上段に書

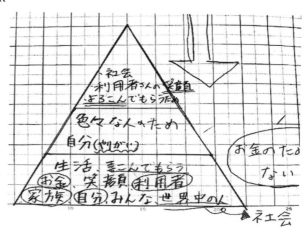

き込まれています。このように，上段に進むにつれて「自分が大切だ」と考えるものが明確に
なっていく方法です。ピラミッドチャートを作成するプロセスで，自分が大切にしていきたい

道徳的諸価値について向き合うことができます。

🦋 バタフライチャート

❶特徴

中央に書き入れたトピック（課題）について，右側に「賛成」「強い賛成」の理由を書き，左側には「反対」「強い反対」の理由を書きます。その両方の立場になって検討します。物事の「プラス面」と「マイナス面」の両面から考えることができます。多面的・多角的な思考を促すツールの一つです。「両面から考える」点と「理由の順位づけができる」ことが特長です。（参考：黒上氏シンキングツール）

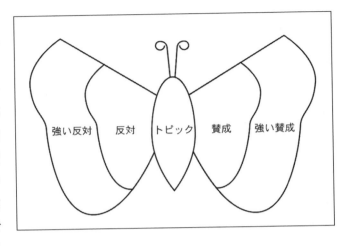

❷道徳授業で活用するポイント＆留意点

賛成と反対の理由を2段階（賛成と強い賛成等）で検討する思考ツールです。バタフライ型なので，子どもたちも意欲をもって取り組みます。ポイントは「賛成」と「反対」など，対立するものを両面から考えさせることにあります。自分の考えだけでなく，相手の立場で物事を考えることができます。

右図は「子どもの臓器提供を決めた親の判断をどう思うか」をトピック（課題）に個人で両面から考えたものです。「（賛成・反対の）強い理由は何か」が特に重視している点となります。授業者は教材から「何を考えさせるか」を明確にする必要があります。

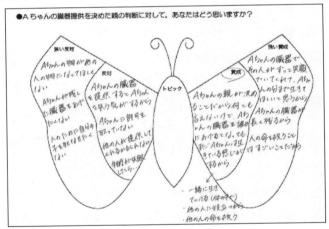

「ウェビング」と同様，両面から考えることは，多面的・多角的思考を促すだけでなく，相手に対する「思いやりの心」「他者への想像力」を育てることにつながります。

● キャンディチャート

❶特徴

「キャンディチャート」というネーミングがよいです。生徒は楽しく取り組めます。キャンディチャートは，予想することを助ける思考ツールです。予想するときには前提の条件があり，それによって結果が変化します。キャンディチャートは，「左側」に「もし〜ならば」と前提となるものを書き，「中央部分」にその予想される結果を書き，「右側」にはそのように考えた「理由」を書きます。「AならばB。BならばCとなるだろう」のように論理的思考を促します。これまでの「常識」や「経験則」であってもよいでしょう。自分なりの根拠・理由があることがポイントです。例えば「ごみのポイ捨てがなくなる」を「中央部分」に書き込んだとすると「左側」に一つの方策として「（もし）罰金を取る（ならば）」が入ります。そして，「右側」には理由として「ポイ捨てで罰金を払うのが嫌だから」を書き入れます。「中央部分」を同じ課題にして，いくつものキャンディを理由と共に作成することができます。推論する力，論理的思考力が養われる方法です。

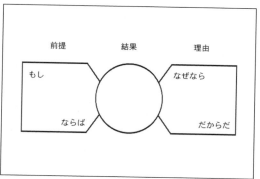

❷道徳授業で活用するポイント＆留意点

道徳授業では，問題解決的な学習の一つとして活用できます。中央部分にテーマ（課題）となるものを入れ，左側に「もし〜ならば」と解決策を考え，理由を右側に

書きます。右図では「礼儀が自然にできる」前提として「もし，相手のことを思い礼をしたら」が書き込まれています。「なぜなら，心を込めて礼をすることで自分の心もよくなるからです」と書かれています。方策の裏にある心まで考えられています。「礼儀」の大切さや心構えについて自分の考えが整理されやい手法です。

● フィッシュボーン

❶特徴

フィッシュボーンとは問題解決を視覚的に整理する方法で，「特性要因図」と呼ばれています。結果のために関連する要因を系統的に整理していくとちょうど魚の骨のような形になることからその名前がつけられたそうです。考案者は日本人の石川馨氏です。

頭の部分は「課題（テーマ）」です。付箋で要因を挙げた後「骨」にそって関連する要因を整理します。問題発見にも役立つ手法の一つです。「骨」に要因の名前をつけることでまとまりが整理できます。問題解決的学習であるPBL（Project Based Learning）でも用いられている手法です。

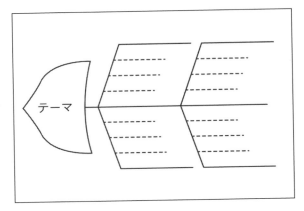

❷道徳授業で活用するポイント＆留意点

　道徳授業で活用する場合，考えるテーマに対して「骨」ごとに要因（理由）を考えていきますが，その「骨」に「名前をつける」ところがポイントです。その名前が「道徳的諸価値と関連する」ことにも気づくことができます。右図は「仕事のやりがい」について作成したフィッシュボーンです。骨の名前として，「達成感」「みんなの笑顔」「犬の元気」「飼い主の気持ち」等が書かれています。それらは，「生命の尊さ」「思いやり」「感謝」

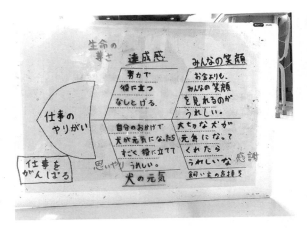

につながることがわかります。考えを整理，分類することで，その奥にある道徳的諸価値についても気づかせることがポイントです。フィッシュボーンの作成がゴールではありません。

🌸 コンセプトマップ

❶特徴

　コンセプトマップとは概念（コンセプト）と概念の関係を線で結び関係を視覚的に表す方法です。

　知識や概念間のつながり（関係性）が視覚的にわかりやすいので，体系的な理解につながります。

　例えば，「地域の魅力」を中心テーマとしたとき，「自然」や「特産物（産業）」や「伝統文化」等の視点が生まれます。あるいは「魅力」を考えていったときに出てきたものが，「自然」「伝統文化」「特産物」のほかに「人物」等に分類できるでしょう。地域の魅力としての要素が見えてきます。きっと特産物（産業）と自然は関連していますし，人物も特産物にかかわった人が出てくるかもしれません。このように視覚的につながり・関係性を表すものです。社会科

や総合的な学習の時間等で活用できます。

❷道徳授業で活用するポイント＆留意点

　道徳授業では「概念と概念の関係性を表すこと」での活用は難しいかもしれません。しかし，それぞれの視点に立ち，関係性を明確にしていくときには役立ちます。右図は避難所に飼い犬（タロウ）を連れてきた「鈴木さん」と管理者の「山中さん」の視点だけでなく，「他の避難者」を含めた３つの視点から考えさせたものです。矢印は相互の視点を表しています。ワークシートには，「山中さん」から見た「鈴木さん」なのか「鈴木さん」から見た「山中さん」なのか矢印にふきだしをつけてわかるようにしています。このように全体の関係性を視覚化することにより，問題が整理され，判断をするときの手がかりとなります。

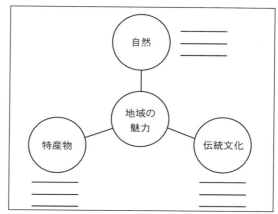

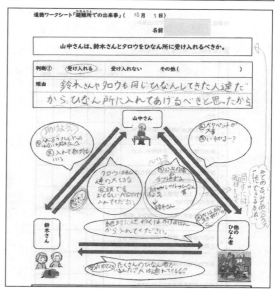

大川珠代「避難所での出来事」（令和元年度千葉県長期研修生報告書）より

💬 心情円

❶特徴

　「心情円」は，その名のとおり，現在の自分の心情を割合で表すものです。色の違う２つの円を重ねて，動かしながら，その割合で心情を表します。「スケーリング」の一つと言ってもよいでしょう。例えば，「賛成」か「反対」かを問われたとき，迷っているときは，賛成と反対の割合を半分半分で示すことができます。円内の色が占める割合がそのときの自分の気持ちです。

　自分の気持ちを言葉ではなく，視覚的に表すことができ，中学生の授業でも活用しやすいツ

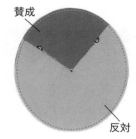

ールです。また，（色の割合で）一目で考えがわかるので，友達と比べて理由を話し合うときにも活用できます。教師から見ると一人一人の心情（立場）が視覚的にわかりやすいので意図的指名に役立てることができます。道徳の時間以外でも自分の意思を表現する場合に活用できます。二者択一ではない微妙な心の状況を表現できるツールです。

❷道徳授業で活用するポイント＆留意点

　心情円は主に道徳の時間に活用されるツールです。教材の登場人物を自分に置き換えて考え，心情円で「肯定的な心（青）」と「否定的な心（赤）」との２色でどちらの割合が多いかを操作して，自分の考えを可視化します。「登場人物と自分を置き換えて」考えさせるときに活用でき，自分と重ねて考えさせるツールとして活用できます。同様に，賛成・反対への度合いなど自分の微妙な気持ち（立場）を表すことができます。

🌑 円チャート

❶特徴

　円チャートとは，円グラフを応用したもので，全体に占める項目の割合を示すものです。大きな特長は「心情円」が２つのものの割合を表すのに対して，円チャートでは複数のものの割合を表すことができることです。例えば，「賛成」と「反対」だけでなく，「どちらとも言えない（その他）」を加えることもできるでしょう。また，「賛成」等の理由と割合を円チャートで表すこともできます。理由の割合が視覚化されるので，どの理由が大きなウェイトを占めているかわかりやすくなります。他の思考ツールでは，理由をたくさん考えたり，整理したりすることはできますが，円チャートを活用するとその考えた「理由の占める割合」を表現することができます。同じ理由でも人によって，その占める割合が変わることがわかるツールです。

❷道徳授業で活用するポイント＆留意点

　自分の思いや考えの心の中に占める割合とその理由を表すことができるのが特長です。賛成や反対だけでなく，その理由が占める割合を表現できます。自分の中にある様々な感情や多様な理由（考え）が表現できるので，複雑な気持ちを視覚化することができます。ペアトークやグループでの話し合いでも自分の心の中の割合を確認しながら意見交換をするとよいでしょう。同じ理由でも全体に占める割合が異なるなど，友達の様々な考えや気持ちを視覚的に理解

することができます。友達との意見交換を通して，円チャートに記した割合や理由が変化することもあるでしょう。導入時と学習後の変化を見取ることもできるツールです。

🍄 同心円チャート

❶特徴

同心円チャートは，中央の円から外側の円に対して関連させながら思考を広げるチャートです。例えば，「環境問題への取り組み」をテーマとした場合，円の中央から「学校」「地域」「県」「全国」「世界」などとその範囲を広げながら，それぞれでできることを考えるツールです。円は，時間の変化でもよいでしょう。また抽象的なものから具体的なものへと思考を発展させる方法もあります。

道徳の内容項目の関連も中心をA「自分自身に関すること」にすると，B「他者とのかかわりに関すること」，C「集団や社会とのかかわりに関すること」，D「生命や自然に関すること」というふうに同心円を作成すると関連がわかりやすくなりますね。

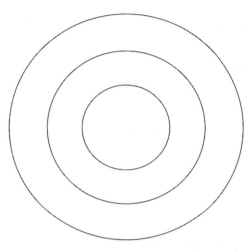

❷道徳授業で活用するポイント＆留意点

道徳授業で活用するためには，「何について考えるのか」の「テーマ設定」と「円の広がりの視点」がポイントです。右図は「人はなぜ働くのだろうか」の問いに対して授業の事前と事後（振り返り）で同心円チャートを活用したワークシートです。「自分」「家族」「社会」の3つの視点で考えさせると，授業の前後でその共通点や相違点，関係性に気づくことができます。道徳的なねらいである勤労の意義について，それぞれの視点から関係づけて考えさせることがポイントです。

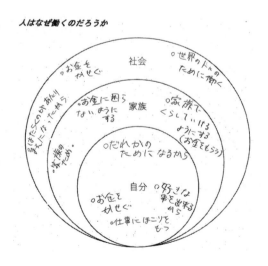

人はなぜ働くのだろうか

議論するツール

🎨 付箋によるKJ法

❶特徴

　文化人類学者の川喜田二郎氏が考案したアイデアを分類・整理する方法です。（KJは川喜田二郎氏のイニシャルからとられたものです）。テーマ（課題）に対して，付箋などの紙１枚に１つの事柄を書きます。それをグループで似ているものをまとめて整理し，「島」をつくります。島に名前をつけ，考えを分類・整理する方法です。

　比較的簡単で視覚的にもわかりやすく，グループでの相互の活動が活発にできることから，教員研修等でも多く用いられています。子どもたちでも十分できる分類整理法です。

❷道徳授業で活用するポイント＆留意点

　道徳の時間では，一人一人が自分の考えを明確にすることと，グループのメンバーとの意見を分類し，調整するときに有効です。課題を見つける際には特に効果的な方法です。付箋に書くことで自分の考えが明確になります。付箋やKJ法の活用をすることから，他のメンバーの意見と比較することができ，多面的・多角的な見方，考え方へと発展させることができます。

🎨 聴き合い活動（シェアリング）

❶特徴

　聴き合い活動とは，「グループメンバーの一人一人の考えを伝え合い，聴き合い，質問や意見を通して自分の考えをより明確にする活動」です。基本的なやり方は次のとおりです。

　グループ（４人程度）内で司会を決めます。そして，話す順番を決めます。まず，最初のAさんが「私が大事だと思ったのは○○です。その理由は□□だからです」等のように理由を明確にしながら自分の考えを伝えます。残りの３人は「うなずきながら相手を見て終わりまで」聴きます。次に「質問タイム」です。「○○が大切な理由をもう少し詳しく教えてください」「○○は大事だと思いますが，△△についてはどう思いますか」等です。そして，「意見タイム」になります。「私もAさんの考えに○○だから賛成です」「Aさんの□□という理由になるほどと思いました」等と相手の意見に肯定的な部分を出しながら，自分の意見を伝えます。このパターンでBさん・Cさん・Dさんへと繰り返します。

　このプロセスを通して，自分の考えがより明確になるとともに相手から認められている実感

がもて，安心感が高まります。国語や特別活動でも取り入れることができます。（参考：尾高正浩『「価値の明確化」の授業実践』（明治図書）より）

❷道徳授業で活用するポイント＆留意点

　道徳授業では，グループで何らかの結論を導き出す授業（クローズドエンド）ではなく，それぞれの考えが尊重されるような授業（オープンエンド）に用いると効果的です。例えば，「友情」について自分の考えを深める授業です。「すてきな友達」をテーマに「どんな人と友達になりたいか」を話し合うとどの考えも否定することはできませんし，その人の考えに対して，質問や意見を言うことで学ぶこともあります。自分の価値観を明確にすることができ，肯定的に聴いてもらうと気持ちも温かくなる授業になります。「グループ活動で時間がかかる」という心配はやり方になれることで，ある程度軽減できます。教科書教材で「友情」等について考えた後，聴き合い活動で自分の考えを明確にする授業も効果的です。

❤ ビンゴ

❶特徴

　ビンゴ（bingo）とは，数字合わせのゲームの一つです。マスの数はその時で変わりますが，人より早く「縦」「横」「斜め」のいずれかがそろえば勝ちというゲームです。「ビンゴシート」が発売されているほど定番のゲームで，運に左右されるゲームと言ってよいでしょう。応用編として，数字の代わりに「お題に沿った言葉」（例えば，「都道府県名」「果物」「動物」等）を入れることで学習や人間関係づくりにも活用できます。

2		2
	1	
2		2

❷道徳授業で活用するポイント＆留意点

　一般のゲームは「数字」で楽しみますが，「数字」を「○○のよいところ」としてみてはどうでしょう。例えば，「日本のよいところビンゴ」を9マスで行った場合，最も有利な「中央」に入れるものが「一番出そうなもの（ランキング1位）」になります。次に有利な場所は「4隅（角）」です。つまり「4隅に入れたものが出そうなものの2〜5位」になります。その他は，以下，6〜9

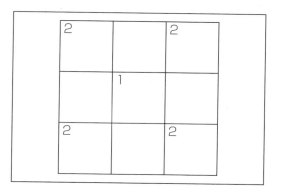

2 伝統文化	親切 やさしい	2 ゴミが ない
3 はたらき もの	1 自然	3 工業 技術
2 電車が 時間通り	3 花火	2 日本食

1＝中央
2＝四隅
3＝その他

位となるものです。「中央」「4隅」「その他」の3段階のピラミッド・ランキングと表現した方がわかりやすいでしょうか。

　以前，外国人が選択した「日本のよいところビンゴ」を実施したことがあります。外国人から認められた「よさ」をどう考え，どのように大切にしていくのかを子どもたちと話し合いました。この時は「親切」が上位にランクされたので，ビンゴができなかった子もいました。「自然」や「日本食」だけでなく，自分たちも受け継ぐことができる「やさしさ」等についても考えることができました。ビンゴは楽しいので，盛り上がりすぎると，本来の道徳的ねらいが薄れることがあります。留意して活用してください。

● 宿題の活用（事前学習）

❶特徴

　「宿題」とは，「与えられた課題（従来学校でやっていたようなもの）を家庭で解決する，学んでくる方法」です。「反転授業」としても取り入れられ，学校での授業では「宿題」についての自分たちの考えを交換し合ったり，課題について深く議論したりする授業になります。授業では教材理解の時間が短縮され，話し合い（議論）の時間が確保できます。一方で個人による差も生まれやすく，同じ課題であっても，その理解度が異なることがあり，学校での学習が深まらないこともあります。

❷道徳授業で活用するポイント＆留意点

　家庭で道徳教材を読んで，概要を理解し，考えをもって学習に取り組む方法です。「考え，議論する道徳授業」を実現する上でも，とても大切な取り組みの一つです。道徳の教材は高学年になるにつれ，長く複雑になり，読み取り（理解）に時間がかかることが少なくありません。そこで，宿題として事前に教材を読み，ある程度内容を理解した上で自分の考えをもって授業に臨む学習方法は今後注目されてもよいと考えます。まさに道徳科の「反転授業」です。個人によって理解の差があってもそれが学校での道徳授業によって深い理解へと変えることができます。授業時間の教材を読む時間が短縮され，話し合いの時間が確保できます。また，事前に子どもたちの教材に対する感想や意見を知ることによって，教師は授業構成を考える参考にしたり，意図的指名に役立てたりすることができます。また，子どもたちにとっても事前の考えと事後の考えが比較しやすくなります。授業評価の記録としても活用できます。

　本書では「宿題」の第一次感想を生かして，議論班を構成した実践を紹介しています。

● 宿題の活用（事後学習）

❶特徴

　宿題（事後学習）とは，「学校での学習後に行う家庭での学習活動」です。宿題は「事前学

習」「反転学習」としての活用もありますが，学習をもとにした「事後学習」「発展学習」としての活用も有効です。事後学習としては「振り返り」（復習・見つめ直し等）のほかに，「発展学習」の視点があります。発展学習としては自分が関心をもったことに対して調べてまとめるなどの学習活動があります。

❷道徳授業で活用するポイント＆留意点

道徳授業で学んだことを家庭で振り返ってみる活動があるでしょう。もやもやしている点や疑問に思ったことについて家族と話し合う等もよいでしょう。また，「郷土の良さ」について学んだ後に自分たちの町の良さについてリサーチすることも発展的な事後学習です。道徳の時間で学んだことをどのように深めていくのか，発展させていくのかも今後の道徳授業充実のポイントです。

● 議論班

❶特徴

議論班とは，話し合いのために編成する班です。生活班や学習班とは異なり，「課題について様々な考えを交流したり，意見を交換しながら考えたりするための班」です。基本的に異なる考えや意見，立場の人が混じった4人程度の班を編成します。

メンバーが固定的な班ではなく，課題（議題）によってメンバーが変わるのが特徴です。様々な意見をもっている友達と話し合うことで多面的・多角的な見方ができるようになったり，自分の考えの根拠がより明確になったりします。メンバーが変動し，異なる考えの人と意見を交換することから，「誰とでも意見の交流ができる」「互いの意見を尊重できる」学級経営が基盤となります。

❷道徳授業で活用するポイント＆留意点

教材から生徒が主体的に学習する手立ての一つとなります。例えば，教材を事前に"宿題"として読み，"感想メモ"（第一印象・第一次感想）をもとに議論班を編成するのです。議論班が活性化するためには，事前の「感想メモ」の内容を教師が把握し，分類して「問いを立てる」ことがポイントです。自分たちの最初の思考（感想メモ）をもとに授業で展開されることは，生徒が主体的に「考える」活動になりやすく，議論も深まっていきます。ねらいへの迫り方を教師主導から生徒同士の学び合いにシフトできるアプローチです。（詳細は98ページ参照）

● トーキングサークル

❶特徴

　トーキングサークルとは，ネイティブアメリカンの伝統的な対話の方法です。参加者で円になり，「トーキングピース（例えば「鳥の羽根」や「ペン」等）」を持った人が発言し，その話が終わるまで他の参加者が聞くという方法です。一人一人を尊重する方法です。

　学級づくりの方法としても活用している例があります。また，PBL（Project Based Learning）の振り返りの場面でも活用されています。上杉賢士・市川洋子らが企画実践しているPBLを援用した企業人材育成講座においても全体の振り返り場面として「トーキングサークル」が活用されています。

❷道徳授業で活用するポイント＆留意点

　一人一人の考えや発言を尊重する方法として有効です。「議論」ではなく，お互いの考えを認め尊重する方法です。自分の話を聴いてもらっている感覚が育ち，温かい雰囲気が生まれやすくなります。

　道徳授業では，「どの考えも尊重される場面」例えば，振り返り（シェアリング）の場面などでお互いの考え，気づきを聴き合うのもよいでしょう。

● 役割取得

❶特徴

　役割取得能力とは「自分の立場からだけでなく，他者の立場に立ち，相手の感情や思考を理解できる能力」（Selman）です。自分の気持ちと同様に他者の気持ちを考え，理解する力は社会で適応するために重要です。「自分が相手の立場だったら……」と考え，自分の言動を調整する力は，問題場面での判断や人間関係形成においても大切な力です。しかし，社会の変化や子どもたちの遊

びの変化に伴い，子どもたちに「他者の立場に立ち，感情や思考を理解する」体験が不足しているのではないでしょうか。だからこそ，学校教育の中でも「役割取得」を体験的に行うことは子どもの成長を支える上で意味があることです。

　社会科や道徳など，一方向ではなく，別の視点に立って考える必要があるとき，対立する価値や選択があるときなどに「役割取得」が活用されています。役割として「相手の立場になって考える」ことを通して，相手の感情や思考が理解しやすくなります。

❷道徳授業で活用するポイント＆留意点

　「他者の立場に立って，相手の感情や思考を理解する」ことはまさに道徳的な問題を解決するためにもよりよい社会を形成する一員としても必要な力です。道徳授業では，対立する場面において，「賛成派」と「反対派」に分かれるときに，機械的に役割を割り当て，「本来の自分の考えではない立場」に立って問題を考える方法です。その時，その立場の根拠だけでなく，「感情面の理解」がポイントです。立場に立ったことで気づくこともあります。

　その上で「立場を解除」。自分の考えを見つめ直し，最終判断をします。このように，問題場面において，相手の感情や思考を理解して，判断することは，よりよい意思決定をするために必要です。

❀ ペアトーク

❶特徴

　「ペアトーク」とは，隣同士など２人組でお互いの考えや意見を聴き合う方法です。学級全体の前では話しにくい場合でも２人なら話しやすくなります。言語化して相手に伝えることで自分の考えが明確になります。また，相手の話により，自分の考えと似ているところを見つけたり，比べたりすることができるのも特長です。ポイントは，お互いの話を聴き合える関係があること。その関係を築くためには例えば，「聴き方あいうえお」（相手を見て，うなずきながら，笑顔でおしまいまで聞く）のような「聴き方の約束」が必要です。質問をするのも積極的な聴き方です。２人組で考えを交流できれば，その後の話し合いも活発になります。

　練習方法としては「好きな食べ物」や「日曜日の出来事」等の話しやすいものをテーマに「朝の会」等で時間（１〜２分）を決めて「ペアトーク」をするものよいでしょう。

❷道徳授業で活用するポイント＆留意点

　道徳の時間に発表する人が限られることがあります。そんな時，「ペアトーク」は有効な手立ての一つとなります。道徳の時間は自分の考えをお互いに交流しながら，自分の生き方を考える時間です。どんな意見や考えでもペアの相手に伝えることで「自分の考えに自信をもつ」ことができます。しっかり聴き合うことで認められている意識が高まります。

　また，異なる意見の場合でもお互いの考えを質問しながら理解し合うこともできます。

　「ペアトーク」の後では，全体での意見発表がしやすくなります。教師は「ペアトーク」の最中に机間指導をし，うまく意見が交流できていないペアのサポートをします。併せて，それぞれのペアの話を把握し，全体での意図的指名に役立てることもできます。

　ワークシートやノートに考えを書いた後，お互いにペアトークで意見が交流でき，質問ができるようになると授業が活性化します。ポイントは一方的に「話して終わり」にならないことです。同じ点や違う点などを交流し合うことが大切ですね。

🫛 ディベート

❶特徴

　教育で活用されるディベートとは「論題に対して，肯定する立場と否定する立場とに分かれ，根拠に基づいた議論によってどちらが優位かを判定するコミュニケーション活動」です。判定をする第三者の「ジャッジ」を置くことがポイントの一つです。「ジャッジ」に支持してもらうために，様々な根拠を提示したり，相手の主張に対して反証したりすることを通して，論理的思考力，批判的思考力，表現力等を養うことができます。

　国語科だけでなく，社会科等でも用いられる手法です。現在では，中学・高校生の全国的な「ディベート大会」も開催されています。（参考：日本ディベート協会 HP）

❷道徳授業で活用するポイント＆留意点

　道徳授業でもジレンマ教材などを活用して「AとBの立場に分かれて議論」する授業を展開することがあります。「肯定派」「否定派」と「ジャッジ」に分かれるスタイルのほか，簡易的に「ジャッジ」を置かずに2つの立場で議論するスタイルが多く見られます。道徳授業では「勝ち負け」が目的ではなく，議論を通して，多面的・多角的に考え，価値の理解を深めた

り，道徳的判断力を高めたりすることを目指すものです。そのため，途中で立場を解除して，「自分の判断で考えさせる」ことがポイントとなります。このような目的を授業者は理解し，子どもたちには「ディベートは勝ち負けが目的ではない」ことを明確にした上で，何のために議論するのかを示す必要があります。

　根拠をもって論理的に主張し，批判的思考力を活用して，相手に反論することは「考え，議論する道徳」の目指すところに近いように思えます。しかし，一方で，「勝ち負けが問題ではない」としながらも生徒たちは議論が白熱するほど，勝ち負けにこだわる傾向が見られ，本来の道徳的ねらいが薄れてしまうことが少なくありません。ディベートのもつ長所と短所を理解し，生徒の実態を踏まえた上で活用するとよいでしょう。

● コミュニケーションボード

❶特徴

　「コミュニケーションボード」とは，「障がいのある人や外国人など話すことによるコミュニケーションが難しい方に対して，共通理解できるわかりやすいイラスト等を活用して意思を伝え合うことができるボード」の意味がありますが，ここでは，グループで課題について話し合いをするときに，共有するための「ボード」を指します。グループで同時に見たり書いたりすることができ，グループの話し合いのプロセスを残すこともできます。また，話し合いの結果やつながりをまとめて，発表するときの資料とすることもできます。

　各教科においても「問題・テーマ」等に対して，グループごとに話し合いをさせて，その結果を小黒板やホワイトボード（小）にまとめさせて発表させる学習が増えています。書いたり消したりすることが容易なことも特徴の一つです。

❷道徳授業で活用するポイント＆留意点

　道徳授業においても「グループで話し合い」をさせる授業方法を取り入れることがあります。グループで「どのような考えや意見が出たのか」を紹介し合うような授業に有効です。役割を決めて全員が参加する活動に使う道具としても有効です。視覚的にわかりやすくなり，板書で整理する際にも活用がしやすい汎用性の高いツール（道具）です。「時間がかかる」等の課題は日常の授業等で活用を繰り返すことで，「時間短縮ができる」ほか，「見やすさ」「まとめ方」「発表の仕方」等のスキルも向上します。

（土田雄一）

3章

考えるツール&
議論するツールでつくる
新授業プラン

同心円チャート・クラゲチャートを活用した授業

―新しいプライド（１年生）―
（出典：東京書籍）

諸富祥彦の"ココ"がポイント！

　この授業はすばらしい！「主体的で対話的な授業」のお手本のような見事な授業です。「主体的で対話的な授業」の本質は何か？　それは「自分との対話」（深い思考）が「他者との対話」を深め，それがまた「自分との対話」を深めていく循環にあります。そのお手本のような授業で，しかも名人でなくても誰でもできます。「同心円チャート」で「働くことの意味」について，「自分」という視点，「家族」という視点，「社会」という視点，それぞれの視点から考えるようになっているからです。このチャートに取り組むだけで，多視点に立って考えないわけにいかなくなり，否が応でも，思考が深まります。その上で，クラゲチャートを使って他者との対話を行い，最後にまた同心円チャートによる「自分との対話」に立ち返っています。

❶考えるツールの活用ポイント

　同心円チャートを事前と振り返りで使用して，「人はなぜ働くのか」というテーマについて，「自分・家族・社会」と広がりのある３つの視点で考えました。それぞれの視点で考えた後に，全体を見て考えることによって，共通点や相違点，関係性に気づくことができました。

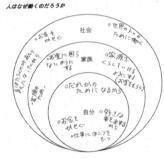

　クラゲチャートは，テーマに対して，様々な根拠や理由を考えることができるツールです。自分では書けなかった足の部分も，話し合い活動を通して他者の意見から新たに書き足すことができました。また，２つのツールを関係づけるためにその意見を「自分・家族・社会」の視点でグルーピングすることで，同心円チャートの活動と連動させることができます。

❷白熱した話し合いをつくるその他の工夫

　事前の朝学習でテーマについて個人で考えておくことにより，自分の考えをもって授業に臨むことができます。また，一貫したテーマが授業の軸となり，思考を深めることができます。その思考を基盤として，話し合い活動をすることで，他の人の意見を聞きたいという意欲につながっていきます。また，クラゲチャートを使った話し合いの後に，その活動によって気づいたことを考え共有することで，次の話し合いに発展していきます。

🐾 本時の流れ

（1）主題名　働くってどんなこと？
（2）教材名　新しいプライド（出典：東京書籍）
（3）ねらい　主人公の「私」が誇りをもって働くようになる姿を通じて，勤労の尊さや意義を理解し，自己実現と社会貢献をしようとする心情を育てる。
（4）展開の大要

	学習活動・主な発問と予想される子どもの反応	指導上の留意点
朝学習	1　「働く理由」について考える。 ・「働く理由」についての自分の考えを明確にする。 （同心円チャート）	・「自分」「家族」「社会」の視点で書き込ませる。
導入	2　学習テーマの確認をする。 ・テーマの確認　 人はなぜ働くのだろうか。 ・新幹線の7分間清掃について知る。	・事前に書いたワークシートを配付しテーマの確認をする。 ・動画で仕事内容の確認をする。
展開	3　教材「新しいプライド」を読み，話し合う。 ○清掃の仕事を始めた頃の「私」は，どんな思いで働いていたのでしょう。 ・誰にも認められない仕事だから知られたくない。 ・この仕事は人に誇れるものではない。 ・とりあえず清掃の仕事をすればよい。 ○夫の弟やその妻に仕事をしているところを見られてしまったとき，「私」はどんなことを考えたでしょう。 ・隠していたのに見られてしまってショック。 ・やりがいを感じ始めているが，恥ずかしい気持ちが強い。 ◎「新しいプライド」とは何かを考え，「私」が仕事に誇りをもてるようになった理由を考えましょう。 （クラゲチャート） ・チームで働くことのすばらしさややりがいを感じていた。 ・新幹線の清掃はすばらしいとほめてもらった。 ・仕事ぶりを認めてもらって自信がもてた。 ・今の仕事が自分を支えていることに気づいた。 4　「働く理由」について再度考える。 ○「人はなぜ働くのだろうか」について，考えましょう。	・誇れる仕事ではないと思っている後ろめたさや家族も嫌がっていることを押さえる。 ・自分は清掃の仕事に対してどう思うかを聞く。 ・ショックと恥ずかしさが強いことを押さえる。 ・始めた頃の気持ちと比較して考えさせる。 ・個人で考えた後にグループで話し合わせる。新たな視点の意見を色ペンで追加させる。足の部分は増やしてよい。出た意見を自分・家族・社会の視点でグルーピングする。 ・話し合い活動を通じて，気づいたことを考え，共有する。 ・事前に書いた同心円チャートに考えを追加させる。
終末	5　自分の生き方について考える。 ○将来，どのように働いていこうと思いますか。	・働いている将来の自分を想像しながら書かせる。

（5）評価　話し合い活動を通じて，多面的・多角的に考えることができたか。
　　　　　　人が働く理由について考え，自分の将来について考えることができたか。
　　　　　（ワークシート・発言）

🍃 授業の実際

❶教材のあらすじ

　「私」は，パート勤務で始めた新幹線清掃の仕事に対して，人に誇れる仕事ではないという気持ちがあり，誰にも知られたくないと思っていました。家族からもいい顔をされず，やりがいを少しずつ感じながらも，自分の仕事に誇りをもてませんでした。ある日，思いがけず夫の弟夫妻に働いている姿を見られ，恥ずかしい思いが強くなりました。しかし，夫の弟の妻からの「立派な仕事をしていてすごい」という電話をきっかけに，自分の仕事に誇りをもてるようになり，新しいプライドをもって仕事をすることができるようになりました。

❷導入

　朝学習を利用し，同心円チャートで「人はなぜ働くのだろうか」について，自分の考えを明確にさせました。授業のテーマについて事前に考えておくことにより，自分の考えをもって授業に臨むことができました。

　導入では，テーマの確認と教材に興味をもたせるために「新幹線の7分間清掃」を紹介しました。実際に新幹線清掃の仕事の映像を見ることにより，状況や思いを想像しやすくなりました。

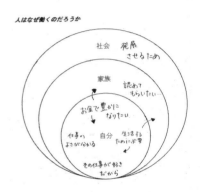

❸展開

　教師が教材を範読し，その後「私」の仕事に対しての思いの変化を考えていきました。まず，清掃の仕事を始めた頃の「私」の思いについてです。清掃の仕事は，人様に誇れる仕事でないと思っていること，夫や娘から「そんな仕事しかないの？」「親類にはばれないようにしてくれ」と言われていることを押さえました。併せて「あなたは清掃の仕事についてどう思いますか」と問い，生徒たちが仕事に対してどのようなイメージをもっているのか確認しました。

　次に，夫の弟やその妻に仕事をしているところを見られてしまったときの「私」の思いを考えました。夫からはばれないようにと言われていたのに，思いがけず2人に見られてしまい，「私」にとっては，時が止まるような衝撃だったと想像できます。当時の「私」は，仕事も少し速くなり，周囲の人との関係もできてきて，やりがいを感じ始めていました。その複雑な思いを考えさせました。生徒は「私」の思いに共感し，「何とも言えない気持ちだっただろう」「ばれてしまったので続けられないかもしれない」等の意見が出ました。

・事前と振り返りで使用し，考えの広がりや深まりに気づくことができる。（同心円）
・「私」が仕事に誇りをもてるようになった理由を様々な視点で考える。（クラゲ）
・個人で考えた後，話し合い活動のツールにする。（クラゲ）
・話し合い活動で出てきた意見を「自分・家族・社会」の視点でグルーピングすることで，
　同心円チャートの活動と連動させる。

ねらいに迫る中心発問では，「新しいプライド」とは何かを考えた後，恥ずかしさを強く感じた「私」が「なぜ仕事に誇りをもてるようになったのか」について，クラゲチャートを活用して考えます。まずは，個人で考え，その後4人班で話し合いました。話し合い活動で書き足したい意見は

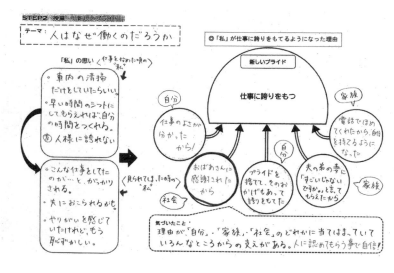

色ペンを使って書くことで自分の考えの広がりを確認できます。

　また，事前に考えた同心円チャートと連動させるために，意見を「自分・家族・社会」の視点でグルーピングしました。その後，クラゲチャート全体を見て気づいたことを共有しました。「個人で考える→話し合い活動で考えを広げる→気づいたことをさらに話し合う」という3ステップを踏むことで，思考が深まりました。

生徒からは，「人に認めてもらうことが自信に
なる」「社会のために働くことが大切だ」等の意
見が出ました。

　展開の後半では，再度「人はなぜ働くのだろう
か」というテーマについて考えました。事前に書
いた同心円チャートに考えを追加させることで，
自分の考えの広がりや深まりが実感できました。

❹終末

　終末では，授業を振り返りながら，自分の生き方について考えていきました。「将来，自分
はどのように働いていこうと思いますか」という問いに対して，それぞれの生徒が自分の働く
姿を想像しながら考えました。

　「将来，誇りをもてるように働いていけたらいいなと思った。様々な人にその仕事の良さを
理解してもらえるといいと思う。自分が楽しく働けるようになりたいなと思った」「自分が将
来働くようになったときは，自分の仕事に誇りをもって働くために，他人に認められる努力を
することが大切だ」「人のためになり人に認められる仕事に就きたい。たくさんの人に感謝さ
れるようなことをしたい」「新しい物を作ったり考えたりしたことを社会に発信し，他の人に
認められるよう努力したい」等，自分の生き方について考えを深めることができました。

❺授業を終えて

　「自分・家族・社会」の視点で，勤労の尊さや
意義について自己内対話で深めたり，主人公の
「私」が仕事に誇りをもつようになった理由を話
し合い活動で深めたりすることで，将来の自分に
ついて思いをめぐらせ，「自己実現や社会貢献を
しようとする心情を育てる」というねらいに迫る
ことができました。

　同心円チャートは自己内対話を深め，クラゲチ
ャートは様々な視点に気づくことができ，話し合

い活動に有効でした。授業後の感想からは，「思考ツールを使ったことにより，深く広く考え
ることができ，考えを整理しやすくまとめやすかった」等，生徒にとって思考を助けるツール
であることが伝わってきました。

ツールの実物

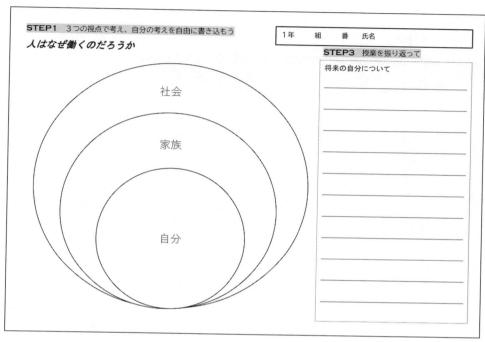

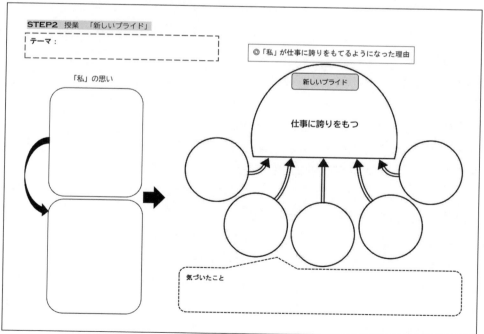

（尾花桃代）

同心円チャートを活用した授業

― 独りを慎む（3年生）―
（出典：日本文教出版　他）

諸富祥彦の "ココ" がポイント！

　同心円チャートで，「自制する心」について考える授業です。「独りを慎む」生活，すなわち，たとえ一人暮らしをしても，規律のある，きちんとした生活を送ることができる人間になるために，「すぐにできる」「少し頑張ればできる」「やりたいけど時間がかかる」の3つの視点から考える工夫がされています。生徒からも，「靴をそろえる」「ハンカチで手をふく」などの「すぐにできる」こと，「動画を控える」などの「少し頑張ればできる」こと，「現実から逃げない」「理性を保つ」といった考えが出され，押しつけがましくなりがちなこの項目について「自分」で考えさせることに成功しています！　「誰かから見られている意識」まで深められるともっとよかったですね。

❶考えるツールの活用ポイント

　同心円チャートは，思考対象の変化や広がりを多面的・多角的に見ることで，トピックを整理するのに適したツールです。今回は，「自制する心」について考える際に活用しました。具体的には，教材に出てくる「独りを慎む」生活を実現するために大切なことについて，「すぐにできる」「少し頑張ればできる」「やりたいけど時間がかかる」の3つの視点に分けて考えさせました。よりよく生きるために必要な行動について，実現の可能性という視点から考えたことで，主題を自分事として捉えて取り組む生徒が多く見られました。

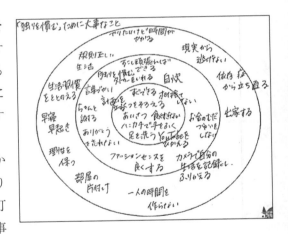

❷白熱した話し合いをつくるその他の工夫

　導入で，事前にとった「20歳になったらやりたいことは何ですか」というアンケートを活用しました。回答の中にあった「一人暮らし」から授業を展開することで，生徒は自分たちの考えをもとに授業が進むという感覚をもち，意欲的に取り組みました。また，展開で実施した少人数グループ（3〜4人）での話し合い活動では，事前に「話し合いのルール」を示すことで，生徒一人一人の意見発信の機会を確保することができました。

🍀 本時の流れ

（1）主題名　自制する心とは何だろうか？
（2）教材名　独りを慎む（出典：日本文教出版）
（3）ねらい　筆者の生き方を通して，自制する心について考えさせ，節度を守る生活をしようとする意欲を高める。
（4）展開の大要

	学習活動・主な発問と予想される子どもの反応	指導上の留意点
導入	1　20歳になったらやりたいことについて考える。 ○20歳になったらやりたいことは何ですか。 ・お金を稼ぐ。　・一人暮らしをする。　・海外に行く。 ○なぜ一人暮らしをしたいのですか？ ・自由だから。　・他の人の都合を考えなくてよいから。	・一人暮らしをしたいという生徒にその理由を尋ね，自由な生活についてイメージをもたせる。
展開	2　教材から「自制する心」について考える。 ○「独りを慎む」とは，どのような意味なのだろうか。 ・誰かが見ていなくても，ちゃんと行動すること。 ・誰もいなくても，恥ずかしいことをしたら顔を赤らめる気持ちをもつこと。 ○「独りを慎む」ことができないと「人間として失格」なのはなぜだろうか。 ・自由の意味をちゃんと理解できていないから。 ・大人になっても子どもみたいで，人間として成長できていないから。 ・人を前にしても同じようになってしまうから。 ◎「独りを慎む」ために大切なことはどんなことだろうか。（同心円チャート） （すぐにできる） ・ゴミはゴミ箱に捨てる。　・目覚まし時計を使う。 （少し頑張ればできる） ・やることの計画を立てる。　・早寝早起きをする。 （やりたいけど時間がかかる） ・規則正しい生活を続ける。 ・常に誰かに見られている意識をもつ。	・教材の「独りを慎む」から，主題である「自制する心」について考えさせる。 ・追加教材として，中国古典『大学』の一部を配付し，「独りを慎む」ことが古い時代から大切にされていたことに気づかせる。 ・同心円チャートを活用し，実現の可能性という視点から「自制する心」について考えさせる。 ・「話し合いのルール」を示し，活発な意見交換を促す。 ・出てきた意見を板書し，全体で共有する。
終末	3　振り返りをする。 ○「独りを慎む」心について，あなたはどう感じましたか。 ・人間として成長するために必要な心。 ・自由の意味をしっかり理解して生活することが大事。	・振り返りの時間を確保し，自分自身と向き合えるようにする。 ・One Paper Portfolioに記入し，後日学級だよりを通して考えを共有させる。

（5）評価　筆者の生き方を通して，自制する心について考え，節度を守る生活をしようとする意欲を高めることができたか。（ワークシート・発言）

🍀 授業の実際

❶教材のあらすじ

　本教材は，1982（昭和57）年に新潮社より刊行された，作家・向田邦子の著書である短編集『男どき女どき』に収録されたエッセーの一つです。

　若い時に一人暮らしを始めた筆者が，自身の行儀の悪さや自堕落な生活に気づき，「独りを慎む」ことの大切さについて述べている教材から，「自制する心」について考えさせ，節度を守った生活をしようとする意欲を喚起することができます。卒業間近の時期や，成人の日の直後に扱うことで，生徒一人一人に，これからの生き方についてしっかり考えさせたい教材です。

❷導入

　事前に「20歳になったらやりたいことは何ですか」というアンケートをとり，導入でその結果を提示しました。生徒の多くは「お金を稼ぎたい」「海外旅行に行きたい」「一人暮らしをしたい」などと答えており，この中から「なぜ一人暮らしをしたいのですか」と尋ねました。生徒からは「自由にゲームや携帯を使えるから」「誰にも何も言われずに生活できるから」などの発言があり，自由＝自分の好きなように生きることと捉えている様子が見られました。

❸展開

　本教材は筆者・向田邦子が自身の生活を振り返り，自制する心の大切さについて述べたエッセー（随筆）です。教材の範読をする際には，筆者がドラマなどの脚本家であったことなどを簡単に説明し，生徒が教材に対して関心がもてるようにしました。

　範読後，「『独りを慎む』とはどのような意味なのだろうか？」と発問し，自分の考えをワークシートに記入させました。その後，個人で考えた意見を発表させ，全体で共有しました。

　発表内容をもとに，他の人に言われなくても自分で感情をコントロールできる「自制する心」について本時で考えることを伝え，主題に対する意識を高めました。（発表内容は以下のとおり）

【「独りを慎む」とはどのような意味なのだろうか？】

・周りに注意してくれる人がいなくても，考えて行動すること。

・何事も度が過ぎないようにすること。

・一人でも，やらなくてはいけないことをちゃんとやること。

・油断してしまう自分をおさえること。

・「自由」の意味を履き違えないこと。

主題に対する
最初の考え

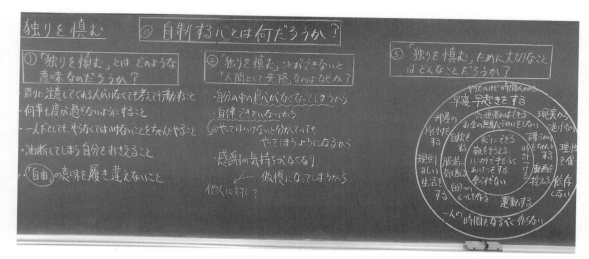

次に、「『独りを慎む』ことができないと『人間として失格』なのはなぜだろうか？」と問いました。筆者の考えから、「自制する心」がなぜ大切なのかを考えさせる発問です。ワークシートに意見を記入させた後、周囲の人と意見交換をさせ、全体で共有しました。生徒からは、「自分の中の良心がなくなってしまうから」「やってはいけないとわかっていてもやってしまうようになるから」「他人への感謝の気持ちがなくなり傲慢になってしまうから」など、「弱い心」に気づき「自制する心」の必要性について、より具体的に考えた意見が多く出されました。

ここで、追加教材として「独りを慎む」の原典にあたる中国古典の一部（『大学 伝六章』の一節『慎独』）を配付しました。それにより「独りを慎む」ことが古い時代から大切にされてきたことに気づく生徒が多く見られました。

その後、「『独りを慎む』ために大切なことはどんなことだろうか？」と問い、「自制する心」について、自分事として考えさせました。ここで「同心円チャート」を示して、「すぐにできる・少し頑張ればできる・やりたいけど時間がかかるという3つの視点から考えてみよう」と投げかけました。実現の可能性で視点を分けることで、生徒が「自分だったら……」と考えやすくなります。個人でワークシートに記入後、3〜4人の少人数グループをつくり、意見交換をしました。事前に「話し合いのルール」（右参照）を示したことで、活発な意見交換が見られました。生徒からは、「すぐにできる」では「靴をそろえる」「ハンカチで手をふく」「あいさつをする」「食べ過ぎない」、「少し頑張ればできる」では「お金の無駄遣いをしない」「自炊をする」「言葉遣いをちゃんとする」「服装に気を配る」

話し合いのルール
①役割分担をする
②全員発言する
③否定はしない
④具体的な案を多く出す

「動画を控える」、「やりたいけど時間がかかる」では「早寝早起きをする」「現実から逃げない」「部屋の片付けをする」「理性を保つ」などの意見が出されました。主題である「自制する心」を意識した、節度を守った生活について自分事として具体的に考えることができました。

・同心円チャートで「すぐにできる」「少し頑張ればできる」「やりたいけど時間がかかる」
　と３つの視点を示し，実現の可能性を基準に考えさせると自分事として捉えやすくなる。
・同心円チャートに，具体的な行動や生活態度を記入することで，グループでの意見交換
　が活発になる。
・将来の自分の生活にかかわる課題であることが自分事として考える意欲につながる。

❹終末

　最後に，「『独りを慎む』心について，あなたはどう感じましたか？」と発問し，再度主題について考えさせました。考えたことは，本校で取り組んでいる One Paper Portfolio「未来へのヒントカード」に記入し，それを，名前を伏せて「学級だより」にまとめ，後日配付しました。生徒はお互いのコメントも読み，「リフレクション」を記入します。「リフレクション」には，自分の生活と関連づけて考える生徒や，自分一人の問題から視野を広げて考える生徒も見られました。「自制する心」について深く考えることで，これから先の生活をよりよく生きようとする意欲が感じられました。

【「独りを慎む」心について，あなたはどう感じましたか？】
・自分は第１希望の高校に合格したら寮に入るので，「準一人暮らし」みたいな生活になる。家族からは「あなたは洗濯も早起きも苦手だから心配だ」と言われ，自分自身もまだできないと思っているけど，一人でちゃんとしないといけないので頑張りたい。
・私は一人でいるときに行儀が悪くなってしまうことがあるけど，今まであまり気にしていなかった。「独りを慎む」という考え方はすごいなと思った。
・「独りを慎む」というのは，自分のためにある言葉だと思っていたが，周りにも影響があることがわかり，自分のためだけでなく，社会全体のためでもあるのだなと感じた。
・人間らしく生きて，場をわきまえるのは大切だと思った。一人の時に限らず，いつでも意識した方がよいと思った。

❺授業を終えて

　授業の導入では，「自由な生活を送りたい」と考える生徒も見られましたが，終末には，「自制する心」を意識して，「節度ある生活を送ろう」と考える生徒が増えており，授業のねらいに近づけたと考えます。ルールに基づいた少人数グループによる話し合い活動によって「一人一人の意見発信の場が確保できた」ことや将来の自分の生活を見すえて記入した「同心円チャート」の活用により，主題を自分事として捉えさせることができました。

<u>　年　　組　　番　氏名　</u>

独りを慎む

Q1.「独りを慎む」とはどのような意味か？

Q2. 独りを慎むことができないと「人間としては失格」なのはなぜか？

（自分の考え）

（友だちの意見で参考になったもの、印象に残ったもの）

Q3.「独りを慎む」ために大切なことはどんなことだろうか？具体的に考えてみよう。

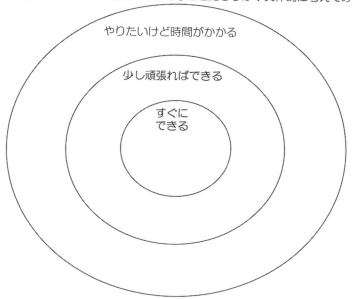

やりたいけど時間がかかる

少し頑張ればできる

すぐに
できる

Q4.「独りを慎む」心について、あなたはどう感じましたか？
　　→別紙「未来へのヒント」カードに書きましょう。

（髙橋晶）

事例 3

円チャート・心情円を活用した授業

―銀色のシャープペンシル（１年生）―
（出典：東京書籍 他）

諸富祥彦の "ココ" がポイント！

　「円チャート」は，心の様子・変化を二者択一ではなく，複数にわたって割合で表すことができるツールです。この授業では，様々な気持ちの間で悩み，葛藤している様子を捉えるために活用されています。主人公は「友達に申し訳ない」という気持ち，「自分の行動が恥ずかしい」という気持ち，「このまま黙っていれば自分のせいではなくなる」といった気持ちの間で揺れ動いています。こうした心の動きを「視覚化」し「見える化」する上で，ツールは抜群の威力を発揮します。その結果，生徒に，自分のことのように，リアルに考えさせることに成功しています。

❶考えるツールの活用ポイント

　円チャートは，心の様子・変化を二者択一ではなく，複数にわたって割合で表すことができるツールです。今回は，主人公が様々な気持ちの間で悩み，葛藤している様子を捉えるために活用しました。

　心情円は，登場人物や自己の心の葛藤を２つの色の割合で示す教具です。微妙な心情や思考の変化を可視化することにより，自分自身の気持ちとの自己対話を促すことができます。

　このように，円チャートや心情円により，心情や思考を可視化，明確化することができます。また考えの差が一目でわかるため，交流を通して考えをより確かなものにしたり，自分とは異なる視点を取り入れたりすることができます。

❷白熱した話し合いをつくるその他の工夫

　導入では，教材や主題に対する問題意識をしっかりともたせます。その際，教材を自分事として捉えられるように，生徒がこれまでの生活の具体的な場面を想起できるよう，問いかける必要があります。これにより，自分の経験を重ねながら主人公の状況や心情をより深く捉えることができ，白熱した話し合いにつながります。また，話し合い活動に入る前に自分の考えをワークシートに記入させます。自分の考えを明確にしておくことで，その考えをもとにして後の話し合いに臨むことができ，積極的に意見や考えを交流することができます。

🌢 本時の流れ

（1）主題名　心の弱さを乗り越えるために

（2）教材名　銀色のシャープペンシル（出典：東京書籍）

（3）ねらい　心の弱さと良心の間で葛藤する主人公に自分を重ね，弱さを乗り越えて人間としてよりよく生きていこうとする心情を養う。

（4）展開の大要

	学習活動・主な発問と予想される子どもの反応	指導上の留意点
導入	1　本時の学習の方向を知る。 ○自分の心の弱さを感じたことはありますか。 ・自分が悪いのにごまかしたり，正直に謝れなかったりしたことがある。	・これまでの自分を振り返り，価値への導入を図る。
展開	2　教材を読んで話し合う。 ○理科の時間，「ぼく」はどうして正直に言い出せなかったのだろう。 ・盗んだと思われるのが嫌だったから。 ・なんとかこの場をとりつくろいたかったから。 ○卓也の「疑ってごめん」という言葉で，「ぼく」の心はどのように揺れ動いていたのだろう。（円チャート） ・卓也に申し訳ない。　・自分の行動が恥ずかしい。 ・このまま黙っていれば自分のせいではなくなる。 ◎「ぼく」はどんな思いで卓也の家に向かったのだろう。 ・どう思われてもいいからちゃんと謝ろう。 ・自分自身に胸を張れる自分でいたい。	・「ぼく」の行動は正しいとは言えないが，誰でももっている心の弱さに共感させる。 ・「ぼく」の揺れ動く心情を円チャートに記入させる。 ・円チャートをもとに小グループで交流し，「ぼく」の葛藤に自我関与させる。 ・謝るという行為が自分の生き方として誇りある行動であることを押さえ，ねらいに迫る。
終末	3　振り返りをする。 ○弱さを乗り越える強さについて，今の自分を見つめて考えを書こう。（心情円） ・自分の心の弱さ，失敗や間違いを素直に認めること。 ・周りに流されず自分が正しいと思う行動をとること。	・今の自分の心の弱さと強さを心情円で示し，自己と向き合ってから書かせる。

（5）評価　「ぼく」の行動について考えることを通して，自分自身を振り返り，弱さを乗り越え，よりよく生きていこうとする気持ちがもてたか。（ワークシート）

● 授業の実際

❶教材のあらすじ

　拾ったシャープペンシルを思慮なく自分のものにしてしまった「ぼく」は，シャープペンシルを盗ったと疑われます。その時「前に自分で買った」ものだと嘘をつき，本来の持ち主であり，仲の良い友人である卓也のロッカーにこっそり返します。その日の夜，心にもやもやしたものを抱えながらも，「ちゃんと返したんだから文句はないだろう」と考えていたところ，卓也からの電話で「疑ってごめん」と言われます。「ぼく」は自分の過ちを責める気持ちと，言わなければばれないという心の弱さの間で葛藤し，卓也の家に向かって歩き出します。

❷導入

　まず，「みなさんはこれまでの生活で，自分が悪いのにごまかしたり，正直に謝れなかったりしたことはありますか」と問い，生徒が自分の経験を想起することで，自分事として教材を捉えられるようにしました。そして，「その後，正直に打ち明けたり，謝ったりすることができましたか」と重ねて問いました。「心の弱さ」は誰しもがもっているものであり，自分の中にも確実に存在するのだということを導入時に確認することで，本時に考えていくことが明確になり，課題解決への生徒の意識を高めていくことができました。

❸展開

　今回は，教科書に掲載されている「銀色のシャープペンシル」のアニメーション動画（出典：東京書籍 NEW VS 中学校道徳）を視聴して考えました。「主人公の『ぼく』も，自分が悪いのにごまかして正直に謝れなくなってしまいます。『ぼく』の気持ちに注目して，動画を視聴しましょう」と，視聴する視点を生徒に示しました。それにより，教材においてポイントとなる場面ごとの主人公の気持ちの変化を考えることができました。

　動画視聴後，主人公の状況を確認します。シャープペンシルをポケットにしまったのは，軽い気持ちからだということを押さえた上で，「理科の時間，『ぼく』はどうして正直に言い出せなかったのだろう」と発問しました。「盗んだつもりはないのに，盗んだと思われたくなかったから」「その場を取り繕いたかったから」「クラスみんなが見ていなければ言えたと思う。この場では言い出しにくい」という発言を通して，周囲の状況からとっさに嘘をついてしまった「ぼく」の行動を押さえます。「放課後，卓也のロッカーにこっそりシャープペンシルを返したのはなぜだろう」と重ねて問うと，「正直に話すと嘘がばれてしまうから」と答えたので，嘘の上塗りをするしかなかった状況を確認しました。この行動は正しいとは言えませんが，誰でも経験しそうな事柄であり，「ぼく」の心の弱さに共感させることをねらいとしています。

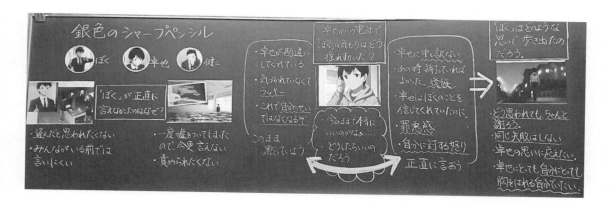

　「卓也からの電話の『疑ってごめん』という言葉で,『ぼく』の心はどのように揺れ動いたのでしょうか」と発問し,円チャートを活用しました。円チャートを自由に区切って書き込み,まずは自分の考えを整理しました。自分の考えや意見を書き出すことが,のちの話し合いの充実につながります。

　記入後はワークシートをもとに,小グループで「ぼく」の心の葛藤について話し合いました。生徒たちは互いの円チャートをのぞき込み,自分との共通点に納得したり,相違点に気がついて理由を尋ねたり説明したりしていました。その対話によって,「ぼく」の状況を自分の経験と重ねて考えたり,「自分だったらこう考える」と自分事として捉えたりしている様子がうかがえました。

　小グループで対話したことを全体で共有しました。「卓也が勘違いと言ってくれているのだから,このままにしておこう」「ばれていなくてラッキー。これで自分のせいではなくなるぞ」「そもそも盗んでいないしちゃんと返したのだから,自分の行動は正しい」というこのまま黙っていようという心情と,「まさか卓也から謝られるなんて,想像もしていなかった。卓也に申し訳ない」「卓也はぼくを信じてくれたのに,自分の行動が情けない」「本当のことを伝えなければいけない」という正直に言おうという心情,これらの心情を抱えて「このままで本当にいいのかなぁ」「これからどうしたらいいのだろう」と悩む気持ちの3つに整理して板書をしました。このように円チャートを用いることで,「ぼく」の心の葛藤についてより具体的に考え

ることができ,さらに友達の意見を聞くことで,多面的・多角的な視点から捉えることができ

ました。

次に中心発問をしました。「いろいろな気持ちが入り交じって葛藤する『ぼく』は，どのような思いで卓也の家に向かったのでしょうか」と問うと，生徒は「謝ってくれた卓也の気持ちに応えたい」「どう思われてもいいから，卓也のために謝ろう」と答えました。卓也に謝るという行為はもちろん卓也のためでもありますが，それ以上に自分自身の生き方にとって誇りある行動であることを押さえる必要があります。そこで「卓也のために謝ろうと思ったのですか？」と問い返すと，「卓也に謝りにいくことは何より自分自身のためだ」という意見が多数上がり，「卓也だけでなく，自分自身にとっても胸を張れる自分でいたい」「ずるい自分を変えたい」などの発言が続きました。

❹終末

終末では，今の自分の心の弱さと強さを心情円で示し，弱さを乗り越える強さについて考えました。心情円で改めて自分の心を示すことが，自分自身を見つめることにつながります。「自分の心にある弱さを認めること」「自分の失敗や間違いを素直に認める勇気」「周りに流されずに正しい行動をとること」など，自分自身の生活を振り返りながら，どのように弱い自分に打ち勝っていくのかについて考えを深めていました。

ツール活用のポイント

【円チャート】

・円グラフのイメージで，複数に区切ってよいこと，割合も自由に決めてよいことを伝え，様々な視点から主人公の葛藤の理由を捉えることを促す。

・「どうしてこの割合なのか」「この心情は他の心情と何が違うのか」などを話し合いの中で説明させる。説明する中で，主人公の状況を自分事として捉えられるようになる。

【心情円】

・自分の心の弱さを割合で示すことが，今の自分自身を見つめることにつながる。

---

❺授業を終えて

円チャートにより，様々な気持ちで揺れ動く主人公の心を可視化，明確化することができ，教材の主人公の悩みを自分事として捉え，弱さを乗り越えてよりよく生きようとするねらいに迫ることができました。交流時には考えを深めたり，自分になかった考えを知ったりと，自分の考えの変容を知る一助となりました。

銀色のシャープペンシル

組　番　名前＿＿＿＿＿＿＿＿＿＿＿＿＿

○卓也から「疑ってごめん。」と言われ、「ぼく」の心はどのように揺れ動いていたのだろう。

疑ってごめん

◎

・・・

・・・

・・・

○

・・・

・・・

・・・

・・・

（神田沙紀）

事例 4

クラゲチャートを活用した授業

―本が泣いています（１年生）―
（出典：東京書籍）

諸富祥彦の"ココ"がポイント！

　この授業では，クラゲチャートを活用することで，生徒の頭の中にある漠然とした思いや考えを「視覚化」し，また同時に「多面的・多角的な見方」へと思考を広げることに成功しています。この「視覚化」「見える化」と，「多面的・多角的な見方」への思考の広がり，この２点が，何と言っても，ツールを用いることの利点です！
　図書館の本を「カウンターの中できっちり管理する」か「カウンターの外でもっと自由に利用できるようにする」か……。私たち大人でも答えが出ない困難な問題について，利用者，図書館の職員，本を出版した人といった様々な人の視点から考えさせることに成功しているのです。

❶考えるツールの活用ポイント

　クラゲチャートは，クラゲの頭の部分に出来事や問題となる事象を記入し，それに対する根拠や原因，理由などを足の円の部分に記入することで，その問題について多くの視点から考えることができるツールです。文章を書くの

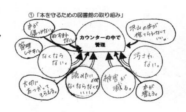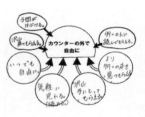

が苦手な生徒でも自分の意見を表現しやすく，考える視点が増えたときに加筆できる良さがあります。今回は，図書館の取り組みについて，多くの視点から理由を考えさせるためにクラゲチャートを活用しました。活用することで自分の頭にある思いや考えを視覚的に表すことができ，より多面的・多角的な考えを引き出すことができます。

❷白熱した話し合いをつくるその他の工夫

　教材の内容が自分に身近なものであるという意識をもたせるために，導入で，図書館を利用したときに便利だったことや困ったことなどを発表させ，自分の経験と照らし合わせながら登場人物の状況や心情をより深く考えさせました。
　また，図書館の取り組みの理由を全体で共有した後に，黒板にネームカードを貼らせました。それにより，自分が何を大切に考えているのか再確認できるとともに，他の人の考えも知ることができます。自分の意見が発表しやすくなり，白熱した話し合いにつながります。

🔴 本時の流れ

（1）主題名　公共の精神とは
（2）教材名　本が泣いています（出典：東京書籍）
（3）ねらい　図書館がかかえる問題を話し合うことを通して，公共の場所やものを大切に利用しようと
　　　　　する意欲を高める。
（4）展開の大要

	学習活動・主な発問と予想される子どもの反応	指導上の留意点
導入	1　図書館を利用した経験を思い出す。 ○図書館を利用するときに便利な点と不便な点を挙げてみましょう。 ・読みたい本を借りることができる。 ・借りたい本がその図書館になくて困った。	・自分の経験を思い出させることで，図書館で起きている問題を身近に感じられるようにする。
展開	2　教材を読み，問題が何か考える。 ○岩井さんの悩みは何ですか。 ・本が傷つけられたり，無断で持ち出されてしまう。 ・岩井さんはカウンターの外で本を自由に読めるようにしたいと考えているが，他の職員に反対されている。 ○図書館の取り組みについて，それぞれの理由を考えましょう。（クラゲチャート） 【カウンターの中で管理する】 ・本の被害を防げる。　・本を大切に扱ってもらえる。 【カウンターの外で自由に】 ・職員の負担が減る。　・利用者が気軽に読めて便利。 ◎図書館はどうするのがよいのでしょうか。 ・被害が出ないように本を管理することが最優先。 ・読みたい本がなくなってしまうのは困るので，中で管理するべき。 ・本を自由に読めるのが図書館のいいところなので外に出す。	・図書館で起きている問題と岩井さんの悩みを確認する。 ・クラゲチャートを活用し，「管理する・自由に」の両方に対して様々な視点から理由を考えさせる。個人で考えた後にグループ，学級で共有する。 ・何を大切に考えてその決定をしたのか，自分の考えに近い所にネームカードを貼らせる。
終末	3　図書館の利用の仕方について考える。 ○利用者に向けてメッセージを書いてほしいと頼まれたら，あなたならどんなメッセージを書きますか。 ・あなたなら本のために何をしますか。 ・図書館の本当の役割とは？ 4　振り返りをする。	・メッセージを書くことを通して，価値理解を深めさせる。 ・メッセージを発表させ，学級で考えを共有する。

（5）評価　図書館がかかえる問題を話し合うことを通して，公共の場所やものを大切に利用しようとする意欲を高めることができたか。（ワークシート・発言）

● 授業の実際

❶教材のあらすじ

　主人公の岩井さんが勤めている図書館では本が傷つけられたり，持ち去られたりする問題が起きています。注意の張り紙をしたり，センサーがついたゲートを設けたりするなど様々な対策を講じましたが，問題はなかなか改善されません。そこで図書館では，利用者の利益を守るために，人気のある雑誌をカウンターの中で管理することにしました。しかし岩井さんは利用者の行動を監視したり管理したりするこのような取り組みに心を痛めています。

　主人公の悩みをもとに，図書館がかかえる問題を話し合うことを通して，公共の施設のあり方やその利用の仕方を考えることができる教材です。

❷導入

　まず，「図書館の便利な点と不便な点は何ですか」と発問し，生徒が自分の経験を想起することで，教材の内容が自分に身近なこととして捉えられるようにしました。次に，「ある図書館で問題が起きていますが，どんなことだと思いますか」と問うと，「図書館の使い方がよくない」「本がなくなる」などの意見が出て，本時の主題にかかわる問題への意識を高めていくことができました。

❸展開

　まず，「今日の話の主人公の岩井さんの図書館では，ある問題が起きています。どんな問題が起きているのか，そして岩井さんはどうしたいと思っているのか考えながら聴きましょう」と教材を聴く視点を生徒に示しました。視点を示すことで生徒は図書館で起きている問題を意識しながら教師の範読を聴くことができました。

　まず，主人公の悩みを確認しました。範読後，「図書館で起きている問題は何ですか」と発問し，本が傷つけられたり，なくなったりしている図書館の状況を確認しました。次に，「岩井さんの悩みは何ですか」と発問しました。「カウンターの外に出して利用者が自由に本を読めるようにしたいと思っているけど，職員の人に反対されて悩んでいる」と岩井さんの悩みを確認しました。

　その後，図書館の取り組みについて個人で考えさせました。「多くの職員が考えている『カウンターの中で管理する』と，岩井さんが考えている『カウンターの外で自由に』の2つの取り組みについて，そうした方がよい理由をなるべく多くの立場からワークシートに書きましょう」と伝えました。

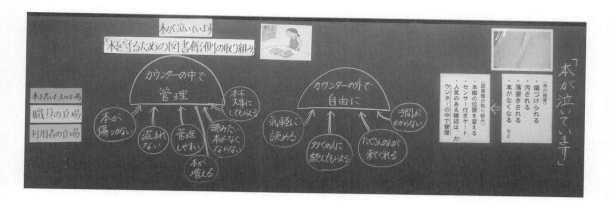

クラゲの足は全部使わなくてもよいことや，逆に足の数を増やして記入してもよいことを伝え，生徒が自由に考えられるようにしました。

　個人でワークシートに記入した後，4人グループになり，お互いの考えを共有させました。自分とは違う友達の意見を色ペンで追加するように伝え，後で自分の視野の広がりを自覚できるようにしました。生徒はお互いのワークシートをのぞいたり，意見を追加したりしながら，楽しそうに意見を交換していました。中には，誰の立場からの考えかをペンで色分けしたり，意見を要約したりしながら考えをまとめている生徒もいました。

　その後，グループで出た意見を学級全体で共有しました。黒板に大きなクラゲチャートを書き，クラゲの足の円の部分を「職員」「利用者」「本を作った人」など色分けをしながら，誰の立場の意見なのかがわかるように板書していきました。そして，自分が図書館の職員だったらどうするか，自分の考えに近い所にネームカードを貼らせ，理由を説明させました。自分の立場を明らかにすることで，教材の問題を自分事として考えることができます。また，個々の生徒の考えを全体で共有することができました。

　「カウンターの中で管理する」理由として，利用者の立場では，「読みたい本がなくならない」「安心できる」「順番が守られる」，職員の立場では，「本が傷つかない」「本を直す負担が減る」「管理しやすい」，本を出版した人の立場では，「本当に読みたい人に読んでもらえる」「本を大切にしてもらえる」という意見が出ました。また，「カウンターの外で自由に」の理由として，利用者の立場では，「本を気軽に読める」「読みたいときにいちいち職員に声をかけなくてもいい」，職員の立場では，「本を取りに行く手間がなくなり負担が減る」「利用者が増える」，本を出版した人の立場では，「多くの人に本を読んでもらえる」「本が身近になる」という意見が出ました。

　生徒は，「カウンターの中で管理」「カウンターの外で自由に」のどちらも，利用者・図書館

の職員・本を出版した人，という3つの視点から理由を考えることができていました。

❹終末

　最後に，「利用者に向けてメッセージを書いてほしいと岩井さんに頼まれたら，あなたならどんなメッセージを書きますか」と発問し，ワークシートにメッセージを書かせました。生徒は，「あなたなら本のために何をしますか？」「図書館の本当の役割とは？」「もう，勘弁してください」「このままでは新しい本が買えません」「みんなが困っています！」「このままでいいのですか？」というように図書館のあるべき姿を考えながら，公共の場所ではどのような行動をとるべきなのか，自分の考えを表現することができました。

　生徒には「公共のものは大切に扱わなければならない」「他の人に迷惑をかけてはいけない」と思う心は十分ありますが，実際の生活では，自己中心的で自分勝手な行動をとってしまうことも少なくありません。終末にメッセージを書くことを通して，公共の施設のあり方やその利用の仕方を深く考えることができました。

❺授業を終えて

　クラゲチャートを活用することで，頭の中にある漠然とした思いや考えを視覚的に表すことができ，多面的・多角的な見方へと思考が広がりました。また，考えが短いキーワードで表現されているため，グループで友達の意見を共有するときにもわかりやすかったようです。生徒は積極的にお互いのワークシートをのぞき込みながら書き込みをしていました。そして何より，クラゲの形がユニークで，文章を書くのが苦手な生徒でも意欲的に取り組んでいる姿が印象的でした。

ツールの実物

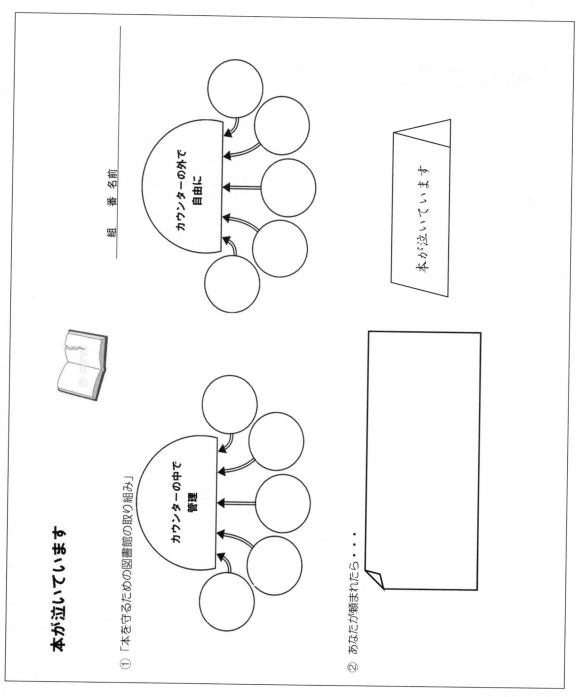

（齋藤紀子）

バタフライチャートを活用した授業

―つながる命（2年生）―
（出典：光村図書 他）

土田雄一の "ココ" がポイント！

　「臓器提供」は今後も考え続けなければならない課題です。まず，教材「つながる命」から，「バタフライチャート」を用いて，自分の考えを書いた後に「逆の立場から」どんな理由になるか考えさせたところがポイントです。それにより，「様々な人たちの命への思い」に気づくことができました。さらに，グループでの意見交換により考えが深まったところで，「いのちの判断」（ドキュメント）を視聴し，再度バタフライチャートで考えさせたところがすごいです。考えがさらに深まります。現実の問題として考えさせるために，「臓器提供意思表示カード」や「道徳ドキュメント」の活用も効果的でした。生徒が命について真剣に向き合い深く考えられたことが伝わる実践です。

❶考えるツールの活用ポイント

　バタフライチャートは，賛成と反対の理由を2段階（賛成と強い賛成等）で検討する思考ツールです。ポイントは「賛成」と「反対」など，対立するものを両面から考えさせることにあります。自分の考えだけでなく，違う角度からも物事を考えることができます。本実践では「子どもの臓器提供を決めた親の判断」をトピック（課題）に，自分の考え（賛成・反対の理由）を書き，次に自分の考えと違う面

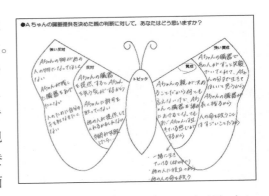

●Aちゃんの臓器提供を決めた親の判断に対して，あなたはどう思いますか？

の理由も書くことで親の判断を「多面的・多角的思考」を働かせて考えることにつながりました。

❷白熱した話し合いをつくるその他の工夫

　臓器提供の是非を問うものだけにならないように，「Aちゃんの気持ちはどうだろうか？」「手紙に込めた母親の気持ちはどうだろうか？」といった賛成・反対の内側にある気持ちに注目させるような追加発問が必要です。また，両面から考えさせるため，中心発問の前に動画（後述）を見せました。動画では，息子の臓器提供を決断した夫婦のその後の後悔や葛藤を描いており，生徒たちの臓器提供への考えをもう一度揺さぶることにつながりました。その結果，中心発問の「あなたなら……」と自分事に引き寄せたときの生徒たちの考えや思いは多様なものとなり，話し合いの際も多くの意見が出され，「命」と真剣に向き合う姿が見られました。

本時の流れ

（1）主題名　生命の尊さ
（2）教材名　つながる命（出典：光村図書）
　　　　　　　いのちの判断（DVD道徳ドキュメント第3期1キミならどうする？
　　　　　　　NHKエンタープライズ）
（3）ねらい　臓器提供の教材を通して，様々な人の「命」への思いに触れる中で，自己や他人の「命」
　　　　　　について考え，かけがえのない生命を尊重する心を育む。
（4）展開の大要

	学習活動・主な発問と予想される子どもの反応	指導上の留意点
導入	1　臓器移植について知っていることを確認する。 ○臓器移植について知っていることはあるか。 2　本時の課題を理解する。 ○臓器提供の教材を通して「命」について考えよう。	・資料を使い，臓器移植，臓器提供，脳死判定について正しく伝える。
展開	3　教材「つながる命」を読んで考える。 ○教材の記事の臓器提供について，賛成と反対の立場で理由を考えよう。（バタフライチャート） ・誰かの命を助けることになるから賛成。 ・Aちゃんの命を断つことになるから反対。 ○互いの考えをもとに，グループで議論しよう。 4　子どもの臓器提供をした夫婦の動画「いのちの判断」を見て考える。 ○教材の記事の臓器提供についてバタフライチャートでもう一度考えるとどうだろうか。 ◎あなたの大切な人が脳死判定をされたら，あなたはどんな「命」の選択をしますか？ ・事前に意思表示をしていたらそれに従う。 ・今の自分では決められない。 5　グループで意見を共有する。 6　全体で意見を共有する。	・自分の考えと理由から書かせる。 ・はじめに個人の考えと理由を言わせてから，反対の立場の理由を言わせる。 ・何人かに聞く。 ・それぞれの考えを認める姿勢をもたせる。 ・グループで話したことをまとめて発表させる
終末	7　授業で考えたことをまとめる ○あなたはこれから「命」とどう向き合っていきたいと思いますか？ ・自分の命も他人の命も大切にしたい。 ・生と死の両方を考えて生きていきたい。	・未来へのヒントカード （One Paper Portfolioカード） に記入させる。

（5）評価　臓器提供の教材を通して，多面的・多角的思考を働かせて，自己や他人の「命」の重さや尊
　　　　　さに気づくことができたか。（ワークシート・発言）

授業の実際

❶教材のあらすじ

　教材「つながる命」は，脳死判定を受けた幼い我が子（Ａちゃん）の臓器提供を決断した父母の思いがつづられた手紙の記事です。脳死の場合，心臓はまだ動いており，眠っているだけのようにも見えます。父母が臓器提供を決断するには，深い悩みや葛藤がありました。その思いを父は手紙の中で，臓器提供を求めている患者へ命をつなぐことをＡちゃんが生きた証と思うと書き，母は，臓器提供を行うと決めていても，Ａちゃんと再び笑い合いたいという素直な気持ちを書き表しました。

　DVD「道徳ドキュメント第３期１　キミならどうする？いのちの判断」（NHKエンタープライズ）では，脳死状態となった息子の臓器提供意思表示カードの意思を尊重し，臓器提供を決断した夫婦の後悔と葛藤の日々を描いています。夫婦はその時に下した決断を十数年経った今でも自らに問い続けながら，臓器提供に関する活動を続けています。

❷導入

　教材に入る前に，臓器移植について生徒たちがどんな知識やイメージをもっているのかを確かめました。生徒にとっては身近に感じられないものであり，「名前を聞いたことはある」「ドラマで見たことがある」という程度の反応でした。そのため，運転免許証の裏面や臓器提供意思表示カード，ここで扱う言葉の意味などをプロジェクターで提示しながら，臓器移植が命をつなぐものであるという説明をしました。

　また，生徒の知識の中には，間違っているものが含まれている可能性があったため，脳死について，脳全体の機能を失っている状態であること，薬剤や人工呼吸器などによってしばらくは心臓を動かし続けることもできるがやがて（多くは数日以内）心臓も停止すること，心臓は動いているため体は温かく眠っているだけのようにも見えることなどを丁寧に説明しました。

　留意点として，命にかかわる教材であり，生徒の中に臓器提供について特別な思いのある生徒がいる可能性もあるため，事前に生徒一人一人の置かれている状況を把握しておくことが必要です。

❸展開

「つながる命」（出典：光村図書）を読んで、娘の臓器提供を決めた親の判断について考えさせました。バタフライチャートを使い、次の順番で記入させました。

> ①自分の考え（強い賛成・賛成・反対・強い反対）に丸をつけてからその理由を書く。
> ②自分の考えと逆の立場からどんな理由になるのか、想像しながら書き、すべての欄を埋める。

自分の意見と違う立場を考えることによって、臓器提供には様々な人の「命」への思いがかかわっていること（「提供するとＡちゃんではなくなってしまう気がする」など）に気づくことができました。

個人でバタフライチャートを書き終えたら、グループ（4人程度）で互いの考えをもとに議論させました。まずは、自分の考えとその理由をそれぞれが出し、次に自分の意見と違う人に質問します。同じ意見でも、「誰かの命を救うことになるなら賛成」「Ａちゃんが誰かの中で生き続けることができるから賛成」などのように、理由が違うこともあるので、理由の違いについても話し合うことを促しました。

グループでの議論が終わったら、より多くの「命」についての思いや考えを知るため、他とは違う視点（Ａちゃんの気持ちを無視しているのではないかなど）で議論を進めていたグループを指名し、全体での共有の時間をとりました。

次に、実際に息子の臓器提供を行った夫婦を描いた動画（「いのちの判断」）を一部見せました。亡くなった息子の意思に基づき臓器提供を決断したが、後悔の念と十数年も闘っている状況を知ることで「命」の重さを実感させました。

・動画視聴の後に，バタフライチャートを再度活用する。

1度目と比較することで，生徒の思考が一段と深まったり，納得したり，自分の考えを揺さぶったりすることにつながる。

中心発問では，「あなたの大切な人が脳死判定をされたら，あなたはどんな『命』の選択をしますか？」と問い，他人の決断から自分の決断へと変化させました。まず，個人でワークシートに考えを記入，次にグループで意見を共有させました。正解のない「命」の選択なので，他の人の意見を認める大切さを伝えました。その後，グループごとに話した内容を発表させ，肯定的なもの，否定的なもの，違う視点から考えたものなど，板書しながら分類していきました。

実際に出た意見（一部抜粋）

・本人が提供の意思表示をしているのであれば，その意思を尊重して提供する。（肯定的）

・まだ生きているのに自分で大切な人を殺すことになるから提供できない。（否定的）

・今の自分には怖くて決断できない。その場にならないとわからない。（違う視点）

❹終末

最後は，「あなたはこれから『命』とどう向き合っていきたいですか？」と問いました。この発問に対しての考えは，本校で取り組んでいる One Paper Portfolio シート「未来へのヒントカード」に記入させます。生徒からは，「命と向き合うことは，生と死の両方を考える必要があると思った」「命は一つであり，二度と同じ命が生まれることはないから，とても重いもの，どんな命も大切にしていく必要がある」「両親がくれたこの命を大切にしたいと思った」などの記述が見られました。臓器提供の教材を通して考えたことをもとに，「命」そのものとどう向き合っていきたいか考えることで，かけがえのない生命への尊重につながりました。

❺授業を終えて

バタフライチャートに，理由の強さに応じて書くことで，より深くトピック（課題）への「多面的・多角的思考」を働かせることができました。また，チャートを再度使用したことで，生徒の考えが揺さぶられている様子がよくわかり，多くの生徒が「命」と真剣に向き合う授業になったと実感しました。

ツールの実物

つながる命

●Aちゃんの臓器提供を決めた親の判断に対して，あなたはどう思いますか？

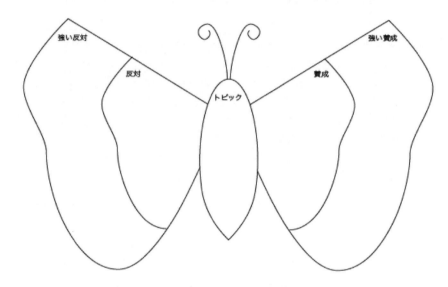

強い反対　反対　トピック　賛成　強い賛成

※友だちの考えは，色を変えて書き加えていこう。

●あなたの大切な人が脳死判定をされたら，あなたはどんな「命」の選択をしますか？

〈友だちの考えなどメモ欄〉

●　あなたは，これから「命」とどう向き合っていきたいか　未来へのヒントカードに書きましょう！

（髙橋愛）

事例 6

Ｙチャートを活用した授業

―私が目ざした白〜陶芸家・前田昭博（3年生）―
（出典：光村図書 他）

土田雄一の"ココ"がポイント！

　本実践ではＹチャートを主発問（「挑戦で得られるものは？」）で活用しています。教材と補助資料をもとに，理解や考えを深めてきたところで，「精神面の充実」「能力の向上」「人間関係の広がり・その他」の視点から，「得られたもの」を整理することで新たな気づきや発見が生まれます。生徒から「社会貢献」という視点の意見が出ました。このような生徒の発見・気づきがある授業はよい授業です。また，授業が自分たちの学校で取り組んでいる「探究活動」（「附中探Ｑ記」）とつながっています。導入と終末で「探究の意味」を考えさせることで学習の成果がわかる実践となっただけでなく，今後の「探究活動」の充実につながる授業となりました。

❶考えるツールの活用ポイント

　Ｙチャートは，3つの視点を設定することで，思考対象を多面的・多角的に見たり，焦点化したりするのに適したツールです。今回は，「探究」によって得られるものについて考える際に活用しました。得られるものを，「精神面の充実」「能力の向上」「人間関係の広がり・その他」の3つの視点に分けて考えさせることで，「探究」という生徒にとってイメージしにくいものを，明確にできました。また，ツールを活用して多面的・多角的に捉え

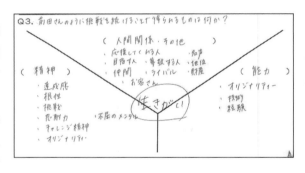

させることで，授業の最後に，「探究」の意義について，より具体的に考えさせることができました。

❷白熱した話し合いをつくるその他の工夫

　まず導入では，教材や主題について生徒が自分事として捉えられるように，身近な体験を想起できるような発問を行いました。具体的には，本時の主題である「探究」とかかわりの深い，本校の総合的な学習の時間の取り組みについて振り返りを行いました。次に展開では，考えたことを他者と意見交換させる場を細かく設定し，考えを深められるように支援しました。具体的には，ペアトークや，少人数グループ内で司会者を立てた意見交換の場を設定しました。そうすることで，生徒は積極的に教材について考え，白熱した話し合いにつながりました。

🔹 本時の流れ

（1）主題名　探究とは何だろうか？
（2）教材名　私が目ざした白〜陶芸家・前田昭博（出典：光村図書）
（3）ねらい　陶芸家の生き方を通して，物事を追究していく心について考え，真理を探究しようとする
　　　　　　意欲を高める。
（4）展開の大要

	学習活動・主な発問と予想される子どもの反応	指導上の留意点
導入	1　課題を知る。 〇「探究」とはどのような意味ですか。 ・より深く学ぶ。 ・あることについて極めていく。 ・研究をして，成果を発表する。	・本校の総合的な学習の時間の取り組みについて振り返らせ，本時の主題を身近に感じられるようにする。
展開	2　教材から「探究」について考える。 〇前田さんの作品が，日本だけでなく，世界の人々の心を打つのはなぜだろうか。 ・「用と美」を備えているから。 ・作品にぬくもりや白の美しさがあるから。 ・芸術の美しさは国を問わず，世界中で認められているから。 〇前田さんのどのような姿や言葉が心に残りましたか。 ・自分の好きな陶芸をやりたい。 ・自分の目指す作品は，自分が試行錯誤して作り上げるしかない。 ・本当に求めている大切なことは，人に頼るのではなく，自分で見つけるしかない。 ◎前田さんのように挑戦を続けることで，得られるものは何だろうか。（Yチャート） （精神面の充実） ・生きがい。　　・充実感。　　・達成感。 （能力の向上） ・観察する力。　・考える力。　　・制作の技術力。 （人間関係の広がり，その他） ・同じ夢をもつ仲間との絆。 ・評価してくれる人からの支援。	・教材から，前田さんの作品の良さについて考えさせ，全体で共有する中で，探究する姿勢や，海外での評価についても気づかせる。 ・追加教材も配付し，前田さんの生き方について考えさせる。 ・ペアトークで，考えを深められるようにする。 ・Yチャートを活用し，探究によって得られるものを多面的・多角的に捉えさせる。 ・グループでの意見交換の場を設定し，考えを広げられるようにする。
終末	3　振り返りをする。 〇「探究」の意義は何だと思いますか。 ・探究をすることで，自分自身を高めることができる。 ・探究の成果が，誰かの役に立つことがある。 ・それぞれが探究をすることで，社会全体への貢献につながる。	・振り返りの時間を確保し，自分自身と向き合えるようにする。 ・One Paper Portfolio に記入し，後日学級だよりを通して考えを共有させる。

（5）評価　陶芸家の生き方を通して，物事を追究していく心について考え，真理を探究しようとする意
　　　　　欲を高めることができたか。（ワークシート・発言）

🎱 授業の実際

❶教材のあらすじ

　本教材は，2013（平成25）年に人間国宝（重要無形文化財保持者）に認定された白磁陶芸家・前田昭博さんが，故郷である鳥取で中学生に向けて行った講演の記録です。

　前田さんは大学時代に故郷の鳥取の雪景色を思い出させる白磁の美しさに魅せられ，陶芸家を目指しました。しかし，いろいろな人に相談しながら創作しても自分の思い描くような作品ができません。そこで「自分の目指す作品は，自分が試行錯誤して作り上げるしかない」と実感しました。その前田さんの姿から，真理を探究し，新しいものを創造していく心について考えさせることができる教材です。道徳科の内容項目「真理の探究，創造」の「…真理を探究して社会の発展や学問，科学技術に貢献した人々の生き方に学ぶとともに，それらの人々の探究心を支えたものについて考え，生徒が自らの生き方に生かすことができるよう工夫する」について，前田さんの生き方から学び，生徒自身の生き方についても考えさせたい教材です。

❷導入

　まず，日本の研究者に対する生徒の関心を高めるために，吉野彰さんの話を導入しました。生徒からは「ノーベル化学賞をとった人」「リチウムイオン電池」などの発言があり，関心が高いことがわかりました。続けて，2010年代はほぼ毎年理系分野で日本人のノーベル賞受賞者が誕生していることを知り，日本の研究が世界でも評価されていることに改めて関心をもつ生徒が多く見られました。次に，主題をより身近な問題として捉えられるように，本校の総合的な学習の時間「附中探Q記」（独自の探究活動）について考えました。「探究とはどのような意味ですか」と問い，生徒に自身の「附中探Q記」の活動を振り返って考えさせました。これが主題に対する最初の考えとなります。展開を経て，終末でもう一度考える際に最初の考えとの違いに気がつくことで，主題について考えを深めることが期待できます。

> 【探究とはどのような意味ですか】
>
> ・時間をかけて勉強すること。
>
> ・一つのことに集中すること。
>
> ・教科書には載っていない内容を学ぶこと。

❸展開

　本教材は前田さんが陶芸の道を歩むことを決意してから現在に至るまでを語ったものです。教材の範読をする際には，ろくろの写真を掲示するなど，陶芸について生徒が具体的にイメージしやすいように支援しました。生徒が教材についてしっかり状況把握できるように支援することは，教材を深く考えさせる上で大切なことです。

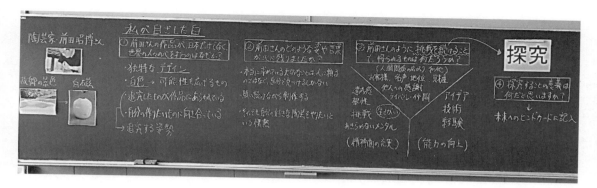

　範読後，「前田さんの作品が，日本だけでなく，世界の人々の心を打つのはなぜだろうか？」と発問し，自分の考えをワークシートに記入させました。その後，個人で考えた意見を発表させ全体で共有すると，前田さんの追究する姿勢につながる意見も出ました。（下参照）

【前田さんの作品が，日本だけでなく，世界の人々の心を打つのはなぜだろうか？】

・色やデザインが優れているから。

・前田さんが追究したものが作品にあらわれているから。

・自分の作りたいものに向き合っているから。

　次に，「前田さんのどのような姿や言葉が心に残りましたか？」と発問しました。前田さんの生き方から，探究する姿勢に迫るための発問です。ここで，HP に公開されている前田さん本人の言葉を追加教材として示しました（http://yanasegama.com/「やなせ窯 前田昭博」参照）。ワークシートに意見を記入させた後，周囲の人とペアトークをさせました。時間を決め，「友達の考えを聞いてよいと思ったら，ワークシートにサインしよう」と指示を出すと，積極的に意見交換を行う様子が見られました。生徒からは，「本当に求めている大切なことは，人に頼るのではなく自分で見つけるしかない」など，探究する姿勢につながる意見が多く出されました。

　その後，「前田さんのように挑戦を続けることで，得られるものは何だろうか？」と発問しました。挑戦を続ける＝「探究」について，より具体的に考えを深めていくための発問です。生徒からは，「達成感」や「根性」という意見が出ました。これを精神面の充実に関する視点として，Yチャートを示して能力の向上・人間関係の広がり，その他という3つの視点から考えてみようと投げかけました。視点を明確にすることで，漠然と考えるのではなく，「探究」について多面的・多角的に考えられるようにするためです。ここでは，グループ内で意見交換を行わせることで，考えをより広げられるように支援を行いました。生徒からは，精神面の充実では「挑戦」，能力の向上では「アイデア」「技術」「経験」，人間関係の広がり，その他では「名声」「地位」「ライバル」「他者への感謝」「財産」などの意見が出ました。

・Yチャートで精神面の充実・能力の向上・人間関係の広がり，その他と視点を明確にすることで，「探究」を具体的にイメージできる。
・Yチャートを用いてグループで話し合いを行うことで，意見交換が活発になる。
・さらに視点を増やし，4つ目の視点を入れ，Xチャートの活用も考えられる。本時では，「個人の研究が世の中のためになる」という意見があった。この意見を生かして「社会貢献」を設定し，Xチャートの活用も考えられる。

❹終末

　最後に，「『探究』の意義は何だと思いますか？」と発問し，本校で取り組んでいる One Paper Portfolio「未来へのヒントカード」に記入させました。記入した内容は，学級だよりにまとめて後日配付し，生徒は他の生徒の考えも読み，リフレクションを記入しました。附中探Q記の取り組みをもう一度振り返らせることで，「探究」について自分事としてさらに深く考える様子が見られました。以下，生徒が記入したコメントです。（一部要約）

【探究をすることの意義は何だと思いますか？】

・探究を続けるからこそ，新しい発見があるし，さらに前に進めるのだと思う。探究を止めてしまったら，現状のまま前にも後ろにも進めず，つまらない人生になってしまう。探究は人生を豊かにし，生きる意味をもたらすと思う。
・探究することの意義は，新しい何かを得ることだと思う。探究することによって，新しい問いが生まれる。それを問い続けることによって，自然と他のものも手に入るのだと思う。
・探究していくことによって，その分野の技術はもちろん，表面的なことだけでなく核心にまで迫れるのではないかと思う。そうすることで，新しい発明などにつながり，人々の生活が豊かになっていくのではないか。

❺授業を終えて

　授業の導入では，「探究」＝「深く学ぶこと」といった認識が多かったのですが，授業の後には，「探究」の意義を自分自身の成長や世界をよくすることだと考える生徒が増えており，物事を探究する心に迫るという授業のねらいに近づけました。また，「探究」というイメージしにくいものを思考ツール（Yチャート）を用いることによって，人物の生き方を多面的・多角的に考えさせることができ，生徒の思考を深めることにつながりました。

ツールの実物

年　組　番　氏名

私が目ざした白　〜陶芸家・前田昭博

Q1．前田さんの作品が、日本だけでなく、世界の人々の心を打つのはなぜだろうか？

（自分の考え）

（友だちの意見で参考になったもの、印象に残ったもの）

Q2．前田さんのどのような姿や言葉が心に残りましたか？

（自分の考え）

（友だちの意見で参考になったもの、印象に残ったもの）

Q3．前田さんのように挑戦を続ける（探究する）ことで、得られるものは何だろうか？

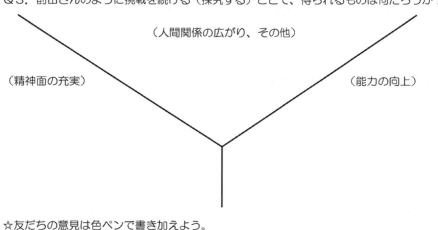

（人間関係の広がり、その他）

（精神面の充実）

（能力の向上）

☆友だちの意見は色ペンで書き加えよう。

（髙橋晶）

ウェビングを活用した授業

―桜に集う人の思い（1年生）―

（出典：東京書籍）

土田雄一の "ココ" がポイント！

　2つのウェビングを通して，「人々の思い」を考え，「自然環境を大切にしようとする心」を育てた実践です。1つ目のウェビングでは，教材から「桜に集う人の思い」について考えを広げ，「共に生きる」「心がつながる」「自然に生かされる」「文化」に分類しています。さらに，生徒が住んでいる地域の松並木を守る活動を写真で確認しながら，「地域の人々の思いや願い」について2つ目のウェビングで考えさせています。生徒はよりスムーズに様々な視点から考えることができ，さらに教材との比較検討により，どちらにもつながる「共通の思い」にも気づいていったのがいいですね。板書の整理により，人間と自然との関係が視覚的にもわかりやすくなっています。

❶考えるツールの活用ポイント

　ウェビングは，中央のテーマからイメージされるものや思い浮かんだものを短い言葉でつなげながら関連づけて考えることができる思考ツールです。今回は，被災地に桜を植樹しようと考えた人々や松並木を保全している地域の人々の思いを様々な角度や視点から考えていくためにウェビングを活用しました。

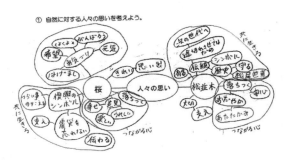

活用することで幅広い多様な意見を生み出し，多面的・多角的な考えを引き出すことができます。

❷白熱した話し合いをつくるその他の工夫

　世界的に有名な桜守である佐野藤右衛門さんの言葉，「日本のあちこちで長く残ってきた桜いうのは，その木の周りに住む人たちの心遣いで生きてきた桜なんです」をキーワードにしました。被災地の人々が，どんな思いで桜を植樹しようとしたのかを考えさせた後に，地域（草加市）のシンボルである，松並木に対する地域の人々の思いについて考えさせました。教科書の内容だけでなく，身近な自然について考えさせることにより，生徒は積極的に意見を交換し合ったり，自分の意見を発表しようとしたりする意欲が高まり，白熱した話し合いにつながりました。

🌸 本時の流れ

（1）主題名　自然とのつながりを考えよう

（2）教材名　桜に集う人の思い（出典：東京書籍）

（3）ねらい　復興を願って桜を植樹する人々の思いや，松並木を保全しようとする地域の人々の思いを感じ取り，自然環境を大切にしようとする心情を育む。

（4）展開の大要

	学習活動・主な発問と予想される子どもの反応	指導上の留意点
導入	1　身近な自然について考える。 ○「身近な自然」と言われて，頭に浮かぶものは何だろう。 ・植物，空気，海。	・身近な自然を思い出させることで，教材に対する関心を引き出す。
展開	2　教材を読む。 ◎被災地に桜を植樹しようと考えた人々の思いを考えよう。（ウェビング①） ・復興のシンボル。　　　・元気や勇気が出る。 ・震災を後世に伝える。　・桜を見ると落ち着く。 ○草加の松並木を保全している地域の人々の思いを考えよう。（ウェビング②） ・草加のシンボル。　　　・地域の誇り。 ・観光地として発展させる。　・癒しや笑顔。 ・「おくのほそ道」の伝統を後世に残す。	・桜の写真や被災地の地図などを提示し，教材の内容が理解しやすいように工夫する。 ・ウェビングを活用し，桜を植樹しようとした人々の思いや，松並木を保全している地域の人々の思いを考えさせる。 ・個人で考えた後に，意見をグループ，学級で共有する。
終末	3　これからの自分の生き方を考える。 ○あなたはこれから自然とどのようにかかわっていきたいですか。 ・自然と共存して生活する。 ・自然に感謝して，大切にする。 4　振り返りをする。	・今までの自分の考えが変わったり，新たに気づいたりしたことがあれば，その内容も書かせる。

（5）評価　桜や松並木に込めた人々の思いに共感し，自然環境を大切にしようとする意欲を高めることができたか。（ワークシート・発言）

🍂 授業の実際

❶教材のあらすじ

　東日本大震災の被災地である宮城県で，桜守として世界的に有名な佐野藤右衛門さんが育てた祇園しだれ桜の植樹が行われました。また，岩手県や福島県でも同じように，被災地に桜を植樹しようと考えた人たちが大勢いました。桜に対する被災地の人々の思いを考えることで，人間と自然との様々なつながりを感じるとともに，自然環境を大切にしようとする心情を深めることができる教材です。

❷導入

　「『身近な自然』と言われて頭に浮かぶものは何だろう」と発問し，身近な自然を思い出させることで，教材に対する興味を引き出します。生徒がイメージしやすいように，祇園しだれ桜の写真や桜の植樹プロジェクトが進められている地域の写真，佐野藤右衛門さんの写真を提示しました。中学1年生の国語の教科書（光村図書）にも桜守の話が掲載されているため，写真を提示すると，授業で学習した生徒たちは，「あっ，この人知ってる！」とうれしそうに声をあげていました。学習への意欲が高まる導入となりました。

❸展開

　「桜守の佐野藤右衛門さんは，『桜は守り，育て，接いでやらないと絶えてしまう木で，環境のバランスがくずれると弱ってしまう』と言っています。このように手間がかかる木であるにもかかわらず，被災地の人々が桜を植樹しようと考えたのはなぜなのか，人々の思いを考えながら聴きましょう」と聴く視点を生徒に示しました。そして範読後，佐野藤右衛門さんの「日本のあちこちで長く残ってきた桜いうのは，その木の周りに住む人たちの心遣いで生きてきた桜なんです」という言葉をキーワードに，被災地に桜を植樹しようと考えた人々の思いを考えさせました。

■被災地に桜を植樹しようと考えた人々の思いを考える（ウェビング①）

　人々の思いを様々な視点から考えるために，ウェビングを活用しました。思い浮かんだことをなるべくたくさんワークシートに記入するように声をかけました。なかなか書けない生徒には，「桜があることで被災地の人たちはどんな気持ちになるかな」「桜にどんな願いを込めているのかな」「桜があると，その地域に何かいいことはあるのかな」などの声かけをしました。

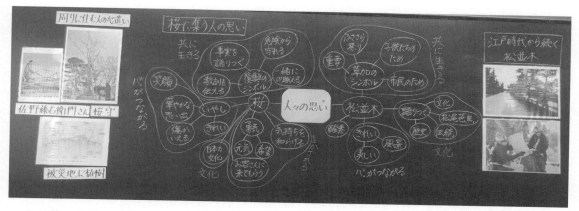

　その後，生徒の意見を学級全体で共有しました。黒板に板書をするときには，生徒の意見をグループ分けして板書しました。

　「復興のシンボル」「津波の教訓を後世に伝える」「その地域を危険から守れる」「観光客にたくさん来てもらえる」などの意見は『自然と共に生きる』，「これからの生きる希望になる」「勇気をもらえる」「元気が出る」「前向きになる」などの意見は『自然に生かされる』，「癒やされる」「きれい」「震災の傷が癒える」「笑顔になる」などの意見は『自然と心がつながる』とキーワードを記入しました。このように，生徒の意見を整理して板書することで，多面的・多角的な考えを引き出すことができるとともに，人間と自然とのつながりを生徒に意識させることができます。

■松並木を保全している地域の人々の思いを考える（ウェビング②）

　生徒が住んでいる地域（草加市）には，国の名勝に指定されている松並木があります。この松並木は，松尾芭蕉の「おくのほそ道」にも登場し，草加市のシンボルになっています。ほとんどの生徒が松並木に行ったことがあり，生徒にとっては一番身近な自然です。そこで，「江戸時代から大切にされている松並木に対して地域の人々はどんな思いや願いをもっているのかな」と発問し，「松並木」を中心にウェビングを活用して意見を記入させました。

　個人で記入した後で4人グループになり，意見を交換させます。意見を聞くときは，うなずきながら聞く，「いいねえ」「なるほど」「そうだね」など相づちを打つ，などのルールを確認してから意見交換をさせました。こうすることで，生徒は安心して自由に自分の意見を伝えることができます。そして，友達の意見はペンで書き加えてよいことも伝えました。

　地域の人々の思いとして，「草加のシンボルだから」「市民がくつろげる場所にしたい」「これからの子どものために」「観光地として残す」という自然と共に生きるという視点，「おくのほそ道にも出てくる伝統を残す」「歴史を語り継ぐ」という文化的な視点，「美しい風景を残す」「落ち着く」「安心できる」「草加の誇り」という自然と心がつながるという視点，「松並木を残すことで，きれいな空気が残せる」という環境的な視点など，多くの視点から，人々の思いを考えることができました。

・教材の内容を考えた後で身近な自然について考えさせると，生徒の考えが広がりやすくなり，自然を大切にしようという心情をより深めることができる。

・生徒の意見をグループ分けして板書することで，人間と自然とのつながりや関係性がわかりやすくなる。

❹終末

「今日の授業を受けて，これから身の回りの自然とどのようにかかわっていきたいですか」と発問しました。生徒は自然とのかかわりについて多面的・多角的に考え，ワークシートに記入していました。ワークシートに記入した生徒の主な考えは以下のとおりです。

【生徒の考え】（一部要約）

・今まであまり自然を気にして生活していなかったけど，自然は身近にあるんだと実感し，もっと大切にしていきたいと思いました。

・自然は人間を支えてくれたり，なくてはならない存在でもあると改めて実感できました。

・自然から勇気や希望などを与えてもらっている人もいるということを知り，やっぱり自然をむやみに傷つけるようなことはしないようにしたいと思った。

・身の回りの自然に感謝の気持ちをもって，大切にしていきたいと思いました。

・自然にはいろいろな文化や伝統が受け継がれていることがわかりました。

・一つ一つの自然に深い思いが込められていて，自然と人間の心がつながっていることがわかりました。

・草加のシンボルとして，これからも松並木を後世の人たちに受け継ぎ，みんなが笑顔になれればいいと思います。

・自然と共存していくことの大切さを改めて考えました。

・人間は自然の美しさに癒やされ，人間は自然の手入れをしたり見守る，そうやって共にかかわっていきたいと思いました。

❺授業を終えて

ウェビングを活用することで，文章を書くのが苦手な生徒でも，人々の思いを多くの視点から考え，表現することができました。そして，「人間と自然とのつながりについて考え，自然環境を大切にしようという心情を深める」という授業のねらいに迫ることができました。

● ツールの実物

桜に集う人の思い

| 学習日 | 年 | 月 | 日 |

組　番　名前

①自然に対する人々の思いを考えよう。

```
   ┌───┐        ┌──────────┐        ┌───┐
   │ 桜 │────────│ 人々の思い │────────│   │
   └───┘        └──────────┘        └───┘
```

②あなたは、これから身の回りの自然とどのように関わっていきたいですか。
　授業で考えたことを書きましょう。

（齋藤紀子）

事例 8

クラゲチャートを活用した授業
―友達とよい関係を築くには（１年生）―
（出典：光村図書）

土田雄一の"ココ"がポイント！

　教科書教材の場面をクラゲチャートにし，「空欄の足」を加えることで，「遅刻してきたクラスメートへの対応」を多面的・多角的に考えさせています。「ネームカード」を黒板に貼ることで，お互いの意思決定が一目瞭然となります。「なぜそう考えるのか」を４人組で話をさせるのも効果的です。さらに深く考えさせるために「問い返し」をしているのもよいですね。特に「お母さんの教え」と発言した生徒に「お母さんはどうしてそう思ったのだろう」と返すと，本人以外の生徒が反応したのがいいです。「心配していることを伝える」「事情を聴いて道を示す」等の意見は，みんなで考え，学んでいる姿の象徴です。行事と関連させ，友達について考える「現実味」がある実践です。

❶考えるツールの活用ポイント

　クラゲチャートは，中央のクラゲの頭に「テーマ（課題）」を書き，足にあたる部分に根拠や原因を書いて，様々な角度から思考を整理していくツールです。

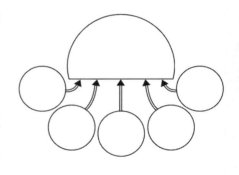

　本時では，課題（行事の練習に遅刻を繰り返すクラスメイトへの対応）について，どのように行動するか考えてクラゲの足に記入させました。教材にある行動タイプやその他自分で考えた行動等，複数の視点から友人との向き合い方を考えさせました。

　ツールを用いて思考の幅を広げてから，対話を通してさらに深く考えることで，多面的・多角的に課題解決の方法を模索し，自らのよりよい生き方を見つめ直すことができます。

❷白熱した話し合いをつくるその他の工夫

　ワークシートのクラゲチャートには空欄の足や足を加筆する余白を作りました。余白があることで，教材の行動以外にも様々な行動を考えられ，多面的・多角的な思考を促します。次に「ネームカード」の活用です。自分が選択した行動にネームカード（磁石付き）を黒板に貼ります。互いの考えが一目で理解でき，「なぜそう考えるのか」と議論が生まれます。同じ行動タイプを選んでも理由は生徒によって違います。互いの考えを見比べながら話し合うことで，議論が白熱します。実施時期は同様の「学校行事」の前が体験と重ねて考えることができ効果的です。

🎔 本時の流れ

（1）主題名　人と人との関係づくり
（2）教材名　友達とよい関係を築くには（出典：光村図書）
（3）ねらい　学級内の友人関係の調整や対立の解消法について，多面的・多角的に考察した上で，自らの生き方を選択し，よりよい友人関係を築こうとする心情を育む。
（4）展開の大要

	学習活動・主な発問と予想される子どもの反応	指導上の留意点
導入	1　これまでの友人関係の体験を想起する。 ○友人関係で悩んだり，困ったりしたことはありませんか？ ・忘れ物をして，すぐに貸してほしいと言われた。	・その時にどのように行動したのかも確認する。
展開	2　教材を読んで考える。 ○「体育祭が近づき，クラス対抗競技の練習をすることになったが，同じ人たちが，遅刻してきた」とあるが，友人として，どのような対応が考えられるか。思考ツール（クラゲチャート）を活用して考え，理由を書こう。 ・傍観者タイプ…友人同士の人間関係が悪くなる。 ・問い詰めタイプ…同じ失敗を繰り返させないのが友達。 ・それ以外のタイプ…遅刻者たちと仲のよい人に相談する。 3　対話を通して深く考える。 ○あなたは，どの行動タイプを選びますか？　ワークシートに○印をつけて，ネームカードを黒板に貼ろう。 ○4人組でお互いの考えを，話し合おう。 ○全体でお互いの考えを，話し合おう。それぞれの行動タイプを選んだ理由を発表してください。 ○行動タイプ同士で，矛盾や対立は生じないだろうか。 ・自分は傍観者タイプを選択したが，クラスに問い詰めタイプがいると雰囲気が悪くなる。でも，私が雰囲気を中和することができるかもしれない。 ○あなたは，どの行動タイプを選びますか？　もう一度考えて，ワークシートに☆印をつけよう。 4　道徳的価値について考える。 ◎友達とよい関係を築くために大切なことは何か考えよう。 ・自分以外の選択をする人にも理由があり，必要な場面があることがわかった。また，いくつかの行動タイプが協力することで，さらによい友人関係が生まれることもわかった。	・体育祭にこだわらず，直近の学校行事に内容を差し替えて，話題を身近に感じさせてもよい。 ・クラゲチャートの記入の仕方を説明し，「その他」などの足を増やしてよいことを伝える。 ・思考が拡散したままにならないように選択させ，意思決定させていく。 ・小グループの話し合いを経て，個人の選択が変わってもよい。 ・それぞれの行動タイプごとに理由を発表する際に，少数派も意見を述べやすい雰囲気をつくる。 ・はじめと同じ選択肢を選んだり，新しい選択肢を増やしたりしてよいことを伝える。
終末	5　自らの生き方について考える ○よりよい友人関係を築くために，あなたが大切にしたいことは何ですか？今日の授業を振り返って考えよう。 ・身近な話題を多面的・多角的に考えたことで，よりよい人間関係の築き方は多様であることがわかった。その中から，自分ならどのような行動ができるのか具体的に考えることができた。	・友情とは何かを深く考え，具体的にどのような行動で人間関係を築いていこうとしているかを大切にする。

（5）評価　話し合い活動やワークシートを通して，よりよい友人関係の築き方を多面的・多角的に思考し，よりよい生き方を選択することができたか。（発言・ワークシート）

🌑 授業の実際

❶教材のあらすじ

　体育祭が近づき，クラス全員で早朝練習をすることになりましたが，同じ人たちが2回続けて，悪びれた様子もなく遅刻してきます。クラスがまとまって練習に取り組むためには，どのような言葉がけや接し方がよいのか，それぞれの立場から具体的な行動を考える教材です。

　イラストを用いて「傍観者タイプ」「問い詰めタイプ」「攻撃タイプ」「被害者タイプ」「思いを伝えるタイプ」など，クラスメイトたちの行動タイプが例示されていますが，どの行動もよりよい友人関係を築くには，もの足りない印象を受けます。セリフの奥に隠された友人への想いや，行動タイプ同士の関係性，新しい発想からの課題解決の方法などに視野を広げた上で，自らのよりよい友人関係の築き方を考えさせられる教材です。

❷導入

　まず，「友人関係で悩んだり，困ったりしたことはあるかな？」と問いかけ，本時に関連する体験を想起させました。さっそく，「ある！　ある！」という声に，隣の人と「何で困ったのか？　そのときどうしたのか？」をペアトークさせました。

　ペアトークの内容を共有すると「忘れ物をしたので貸してほしいと言われ，断れなくて貸した」「約束の時間に遅れてくる人がいた。ケンカになるのが嫌だから，特に何もしなかった」「自分のことばかりずっと話されると困る。そういう時はハッキリ言っている」などが出ました。

　その後，前時の学習内容との接続を図り，本時のねらいを意識させるために「前の時間で学習したミレーとルソーだったら，その時，どのように対応しただろう」と問いました。生徒たちは「友情とは，表面的な行動よりも，相手を思いやる心や信頼する気持ちである」というまとめに至っていたので，自分自身の行動が，そのような道徳的価値観に基づくものであったのか振り返り始め，一瞬，教室が静かになりました。

　自分の体験を想起し始めたところで「その時，本当の友達だったら，どうしたのだろうね」と教材に入りました。

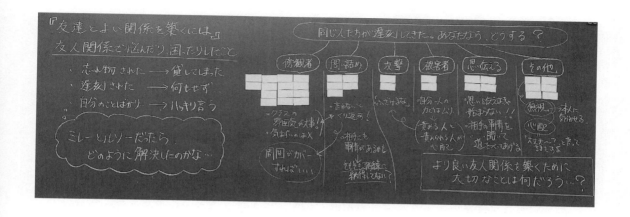

❸展開

　教材の問題場面を読んだ後，本実践では身近に迫った校外学習に置き換えて考えました。課題を確認した後，クラゲチャートを活用したワークシートを配付し「教科書以外の行動タイプはあるかな？」と問うと数名の手が挙がりました。教材の行動タイプ以外にも考えられる行動については空欄の足や余白に足を増やして書いてもよいと伝え，いろいろな角度から考えるよう促しました。各自の筆記用具が動き始め，生徒は予想以上に集中して書き込んでいました。考える視点を容易に広げられるのが，このツールの長所です。

　ワークシートにそれぞれの思考が広がったところで，「あなたはどの行動タイプを選びますか？」と意思決定させました。そして，黒板のクラゲチャートの自分が選択した行動にネームカードを貼らせ，全員の考えが視覚的に捉えられるようにしました。

　生徒からは「えー，意外！」「やっぱり」などの声が上がりました。この時，選択した人が少数であると気後れする生徒がいるかもしれません。そのような時は「どの行動も間違いではない」「選択した理由が大事」であることを伝えます。

　見合った後は，まず4人組で選択した理由を1人1分程度聞き合い，その後，全体で意見交換をしました。傍観者タイプは「雰囲気が悪くなるから」と発言しました。その意見を受け止め，「3回目の遅刻があったらどうしようか」と問い返すと，今度は問い詰めタイプを選択した生徒が「同じ失敗を繰り返させない方が雰囲気より大事。それが本当の友達！」と勢いづきました。そこで授業者が「よし！　校外学習では，遅刻者をみんなでしっかり問い詰めるぞ！」と言うと，問い詰めタイプが悩み始めました。その時，思いを伝えるタイプの生徒が「私は絶対に思いを伝えます。それが一番大事だってお母さんの教えです」と発言しました。授業者が「お母さんはどうしてそう思ったんだろう」と問うと，それ以外のタイプの生徒から「事情を聞いて道を示す」「心配していることを伝える」「一人を責める感じにしないで全体に」などの意見が出ました。

　「では，どうしたらよいのかな。もう一度，考えてみよう」と問い直すと生徒たちは考え始

めました。しばらく沈黙した後，「自分はやっぱり傍観者タイプだけれど，問い詰めタイプも必要。雰囲気が悪くなったら，傍観者タイプが中和してあげればよいのではないか」「思いを伝えるタイプと問い詰めタイプ，攻撃タイプの境界線は何だろう。別な言い方があるんじゃないか」など，複数の選択肢同士の関係や連携の可能性を見出す考えが生まれました。

　このように，ねらいであるよりよい友人関係の構築について，どのような行動がよいかを多面的・多角的に考え，それらを関連させて深く考えさせることができたのは，思考ツールの活用とそれを生かして話し合い活動が充実したからでしょう。

┌─ ツール活用のポイント ─────────────────────────────┐
・新しい考えを書き足すことができる空欄の足や，足を書き足すことができるよう余白をつくる。
・グループで互いの考えを話し合っておくことで，全体の話し合いでも話しやすくなる。
・板書にもクラゲチャートを活用し，ネームカードと組み合わせると，クラスメイトの意見が視覚的に共有・整理され，議論がしやすい。
└──┘

❹終末

　授業後の感想からは「現実味があって面白かった」「いろいろな人の意見に心が動かされて，最初の自分の考えを見直すきっかけになった」など，課題を自分事として捉え，多面的・多角的によりよい友人関係のあり方を考えたことがわかりました。

　また，「みんなが納得しなければいけない」「長い月日がかかるのではないか」など，自分と異なる考え方や行動をする人の心情や時間軸の存在に気づく生徒もいるなど，授業前にはなかった視点や視野の広がりが得られたようでした。

【授業を振り返って】
今日の授業は現実味があっておもしろかったです。一番安全なのは傍観者タイプだとは思うんですけど，見ているだけではなくとめてはならないと思いました。

【授業を振り返って】
いろいろな人の意見に心を動かされていて，最初の自分の考えを見直すきっかけになりよりよい友達との関係をつくる第1歩になったと思う。

【授業を振り返って】
より関係を築くにはみんなが納得できるようにしなければいけないので，より関係を築くのはすごく難しいことだなと思った。良い関係を築くには長い月日がかかるのではないかと思った。

❺授業を終えて

　前時の「一番高い値段の絵」では，主に二者間の友情のあり方について深く考えました。本時では友情のあり方を，身近な話題から思考ツールを用いて複数の視点で考えることで，お互いの考えを認め合い，多面的・多角的に友人関係の築き方を考えることができました。

　改善点として，ワークシートの書き込みに時間がかかり，議論の時間が短くなってしまったため，本誌掲載のワークシートでは教材の行動タイプを予め記入しました。

● ツールの実物

友達とよい関係を築くには
年　　組　　番　氏名（　　　　　　　　　　）

1．友達との関係で悩んだり、困ったりしていることはないかな？

2．教材から考えよう

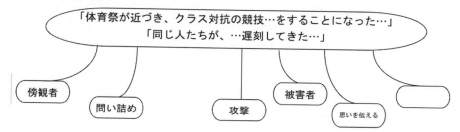

3．あなたはどのタイプ？○をつけてみよう。理由はクラゲの足の下に書きましょう。

4．授業後のあなたはどれを選ぶ？☆をつけてみよう。理由も書きましょう。
　　（理由）

【授業を振り返って】友達とよい関係を築くために大切なことは何だろう

1．自分の考えをもつことができた。	A	B	C	D
2．友達の考えや意見を真剣に聞くことができた。	A	B	C	D
3．自分の考えを伝え、議論することができた。	A	B	C	D
4．これからの学校生活や生き方を考えることができた。	A	B	C	D

（中田豪一）

事例9

マトリックス＋宿題を活用した授業

―カメは自分を知っていた（１年生）―
（出典：光村図書）

松田憲子の"ココ"がポイント！

　付箋は，手軽に書いたり動かしたりできる特徴があります。その特徴を生かし，自分の良さを考えるマトリックスに活用した実践です。自分だけではなく友人の良さも考えて伝えることは，互いを認め合う学級風土を醸成することにもつながります。中田学級でも「理由も相手に伝えて」渡すことで書ききれなかった思いも伝え合い，教室全体が温かい雰囲気になりました。さらに宿題で「開かれた窓」を記入することで，自己開示に抵抗がある生徒も自分を見つめるきっかけとなったことはすばらしいことです。宿題の活用方法の参考になります。「自分が知っていて他人が知らない性格をもっと知ってもらえるように頑張りたい」という言葉に表される素敵な実践となりました。

❶考えるツール＆議論するツールの活用ポイント

　マトリックスとは，「行列」や「碁盤」と訳されることも多い，縦軸と横軸を基準に分割された領域で思考を整理していく分析方法です。複雑な問題の本質が４つの基準で整理しやすいことに加えて，４つの領域すべてに当てはまる内容を考えることで視点に広がりをもつことができます。

　宿題は，授業前に事前学習や反転学習を目的としたものと，授業後に学びの深まりを目的としたものがあります。後者の利点は，授業の振り返りや考察を自宅でじっくりと行うことができる点や発展的な体験的活動を課題とすることができる点です。

❷白熱した話し合いをつくるその他の工夫

　１つ目は「付箋の活用」です。本時の展開では，お互いの良さを書いた付箋を交換し，マトリックスのどの領域に配置するかを相談して貼っていきます。付箋に書いた情報を口頭で伝え合ったり，それをもとに付箋を貼ったりすることで話し合い活動が活発になります。

　２つ目は「学級の雰囲気」です。お互いを認め合える雰囲気がある学級は，道徳授業が盛り上がります。その雰囲気は導入の数分だけでつくり上げることはできません。普段から教師自身が生徒のよいところを探し，リフレーミングを意識した言葉かけ等を行い，生徒同士がお互いの良さに気づき認め合える学級の雰囲気を醸成しておくことが大切です。

🍇 本時の流れ

（1）主題名　自分を知り，個性を伸ばす
（2）教材名　カメは自分を知っていた（出典：光村図書）
（3）ねらい　自らの良さを多面的・多角的に考察し，自分自身の本当の良さに気づかせ，さらに伸ばしていこうという心情を育む。
（4）展開の大要

	学習活動・主な発問と予想される子どもの反応	指導上の留意点
導入	1　教科書を読んで考える。 ○ウサギとカメは誰をたとえていますか？　また，あなたはどちらに似ていますか？ ・要領がよいけれどあきっぽいので，ウサギに似ている。 ・行動が遅いけれどあきらめないので，カメに似ている。 ○どうすれば，ウサギ〔美麻〕はカメ〔里子〕に勝つことができたのでしょう。 ・自分を知り，自分の良さを生かせばよかった。	・範読は教師が行う。 ・両者の良さに気づかせる。
展開	2　自分の良さや，友達の良さを見つめ，考える。 ○教科書の言葉から，「自分の良さ」を表していると考えられるものを選んで，付箋に書いてください。 ○次は4人組で活動します。「班の友達の良さ」を表していると考えられるものを選んで，付箋に書いてください。 ○付箋を相手に渡してください。その際，どうしてその言葉を選んだのか，1枚ずつ理由を伝えてください。 ○机を戻して，もらった付箋をワークシートに整理してみましょう。（マトリックス）	・ワークシートと付箋を配付する。 ・1つの付箋に良さを1つ書かせる。 ・1人3枚程度を目安に書かせる。 ・机を班隊形にする。 ・1人につき3枚以上書かせる。 ・教科書の言葉以外からも選ばせる場合は，充分な配慮が必要。 ・受け渡しが終わったら，机を戻させる。 ・個人の内面と向き合うため，お互いの付箋を見る必要はない。
終末	3　「ジョハリの窓」について知る。 ❶「開放の窓」の良さに自信をもちましょう。この窓が広がるといいので，今後，付箋が集まってくるとよいですね。 ❷「気づいていない窓」の良さを意識的に発揮すれば，さらに活躍できるでしょう。自分が受け入れられるようになった付箋は「開放の窓」へ移しましょう。 ❸「隠している窓」の良さがそのままではもったいないです。アピール不足かもしれません。 ❹「未知の窓」は誰も気づいていないけれど，本当に何もないのでしょうか。 4　振り返りをする。 ○今日の授業で気づいたことは何ですか？　また，未知の窓に，あなたの隠れた「良さ」はないでしょうか。宿題にするのでじっくり考えてみましょう。（宿題）	・「ジョハリの窓」の概要説明にとどめ，細かい説明に深入りしない。 ・宿題にする意図を説明し，ワークシートが誰かに見られることはないと伝え，自己開示に抵抗感がある生徒に配慮する。

（5）評価　グループ活動を通して，自分の良さを再認識し，個性の伸長を図ろうとしているか。（発言，宿題）

❦ 授業の実際

❶教材のあらすじ

　「地道に努力することの大切さ」を説いた物語として有名な「ウサギとカメ」が冒頭に紹介されています。ウサギとカメが競走し，ウサギが昼寝をしている間にカメがゴールする話です。

　物語には，美麻と里子という対称的な中学生が登場します。小学生のとき百人一首を暗唱する課題があり，美麻は誰よりも早く覚えました。一方，１首ずつ意味を調べている里子はなかなか覚えることができませんでした。

　ところが，中学校の百人一首大会の予選でクラス１位になったのは里子だったのです。「里子に負けるなんて……」と美麻が言いました。それを聞いた耕司にウサギとカメの話を持ち出され憤慨しましたが，「カメは自分を知っていたと思う」という彼の言葉に美麻は考え込みました。２時間の扱いの本教材は，物語を通じて自分の良さに気づき，それを伸ばしていく大切さを知るだけでなく，自分を見つめ直すために，表（マトリックス）を作成する構成になっています。この表は「ジョハリの窓」と呼ばれる自分自身を見つめ直すマトリックスです。

【ジョハリの窓とは】

　心理学者のジョセフ・ルフトとハリー・インガムによって発表された，よりよい人間関係の構築や自己成長するために活用されるツール。両者の名前から「ジョハリの窓」と呼ばれます。各領域が窓に見立てられており，その説明は以下のとおりです。

「Ⅰ　開かれた窓」
自分も他人もわかっている，公開された自己。

「Ⅱ　気づいていない窓」
自分は気づいていないが，他人から見られている自己。

「Ⅲ　隠している窓」
自分は気づいているが，他人には知られていない自己。

「Ⅳ　未知の窓」
自分も他人も気づいていない自己。

Ⅰ 開かれた窓	Ⅱ 気づいていない窓
Ⅲ 隠している窓	Ⅳ 未知の窓

　お互いに深く理解し合うには「開かれた窓」を広げるのがよいとされています。「隠している窓」を周囲に自己開示し，逆に「気づいていない窓」のフィードバックを受け入れることで自分自身を公開し，お互いを尊重し合って豊かな人間関係を築くことができます。

　本時の展開では，窓への記入は「良さ」に限定することで自己肯定感を高め，互いを認め合えるように配慮しています。また，窓を広げるイメージが中学生にはつかみづらいと考え，付箋を活用することで「開かれた窓」の広がりを視覚的に捉えられるようにしました。

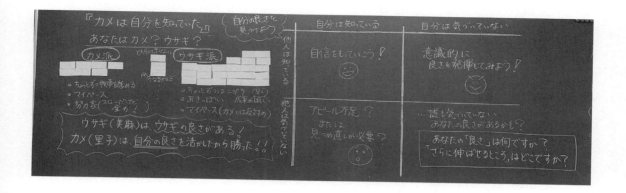

❷導入

　「『ウサギとカメ』の話を知っていますか？」と導入し，教材の内容を簡潔に押さえました。そして「あなたはカメ（里子）に似ている？　ウサギ（美麻）に似ている？」と質問し，ネームカードを用いて発表させました。カメという生徒からもウサギという生徒からも「マイペース」という理由が出て，「個性」という視点に目が向き始めたところで「ウサギはカメに勝てないって話なのかな？」と問い返しました。すると，生徒から「カメは自分の良さを知っていて，それを活かしたから勝ったっていう話です」と「良さ」に着目した答えが返ってきました。そこで「皆は自分の良さを知っていますか？」と問いかけ，1人3枚ずつ付箋を配りました。

❸展開

　「教科書の言葉から，『自分の良さ』を選んで，付箋1枚につき1つ書いてください」と言うと，すぐに書き上げる生徒もいれば1枚書いて止まってしまう生徒もいました。なかなか書けない生徒には，机間支援で声かけを行いました。

　次に「『友達の良さ』を1人につき3枚書こう」と4人組のグループで活動をしました。1枚で止まっていた生徒は筆箱で隠しながら書いていましたが，付箋が小さいため自己開示への負荷が軽減されたようでした。

　「付箋を相手に渡しましょう。必ず選んだ理由も相手に伝えてください」と言うと，一斉に付箋の交換が始まり，驚きや喜びの声が上がりました。黙って付箋を受け取る生徒も，表情は微笑んでいてうれしそうでした。

　お互いを認め合い，教室全体が温かい雰囲気に包まれたところで，マトリックスを用いて付箋を整理しました。自分の良さを4つの領域から多面的・多角的に考えていきました。

　4つの面（領域）についてそれぞれ質問しながら進める中で「右下の窓（未知の窓）に付箋がある人はいるかな？」と問いかけましたが，手は挙がりません。「本当に何もないのかな。誰も気づいていない良さがあるかもしれないね」と，個性の伸長の可能性を意識させました。

・「マトリックス」によって思考を整理するとともに広げることが容易になる。4つの視点によって，自分の良さや個性伸長の可能性について多面的・多角的に考えることができる。

・付箋の「貼る」「貼り直せる」という特徴から，意見の移動が容易であり，視覚化できる。そのため自分をじっくりと見つめ，整理することができる。

・友達の良さを伝える付箋は「伝えたいことを書き切れない」ところがポイント。そこで，「話し合い活動の必要感」が生まれて活性化する。

・「開かれた窓」の記入を「宿題」にすることで，自己開示に強い抵抗感を感じる生徒も一人でじっくりと向き合う時間をつくることができる。

❹終末

　最後に「ジョハリの窓」について説明しました。「気づいていない窓」の友達からの付箋を，自分で受け入れられたら「開かれた窓」に集めてよいと伝え，自分の良さを認めることを促しました。「隠している窓」の付箋については，自分の良さへのアピールが不足しているかもしれないので積極的に表現していくことも必要であることや，他の人へ良さが伝わらない理由を振り返ってみることなど，再度自分を見つめ直す大切さを伝えました。

　また，宿題として，周囲を気にするのではなく一人でじっくりと自分自身の良さと向き合い，今日の授業を振り返るように伝えました。

❺授業を終えて

　後日に提出された宿題を見ると，「驚くような良さが見つかった」「心が温かくなった」という自己肯定感の高まりや「自分が知っていて他人が知らない性格をもっと知ってもらえるように頑張りたい」など，個性伸長への意欲の高まりが読み取れました。自分の付箋を隠すようにしていた生徒も，自分の良さを記入して提出しました。このような生徒にとって，宿題という方法は自己開示の負荷を軽減したと思われます。

> [授業を振り返って]
> 今日は、自分の良さと、自分の知らない事などたくさんの良さについて知れて、すごくおどろくような良さも見つかって、すごくおもしろかったです。これからも、良さというものを生かしてがんばりたいです。
>
> [授業を振り返って]
> 自分の知らない「良さ」を他人に「いいね」と言ってもらえるとすごく心が温くなりました。私も他の人の知らない「良さ」を見つけられる人になりたいです。
>
> [授業を振り返って]
> 自分の知らない性格がわかって楽しかった。自分が知っていて他人が知らない性格をもっと知ってもらえるように頑張りたい。

　この後は，「開かれた窓」「隠している窓」を意識的に表現して生活させることが有効です。一定の期間を設けて新しい班員と再度この活動を行い，「開かれた窓」に付箋が増えるか見守ります。「ジョハリの窓」における「自己開示→フィードバック→開かれた窓の拡張」に準じた複数時間の授業と体験的な宿題の組み合わせが，自分自身の深い理解や個性伸長への実践意欲に結びついていくでしょう。

● ツールの実物

カメは自分を知っていた

年　　組　　番　氏名（　　　　　　　　　）

1.　あなたはカメに似ている？ウサギ派に似ている？

カメ　・　ウサギ　［理由　　　　　　　　　　　　　　　　　　　　　］

2.　自分の「良さ」を見つけよう。

	自分は知っている	自分は気づいていない
他人は知っている		
他人は気づいていない		

【手順】
1.　自分の良さを教科書の言葉から選んで、3枚の付箋に書く。
2.　グループの友達の良さを、教科書の言葉から選んで、1人につき3枚以上の付箋に書く。
3.　お互いの良さが書かれた付箋を受け渡したら、上の4つの窓に配置していく。
4.　自分の良さについて、自宅でじっくり、考える。（宿題）

3.　自分の「良さ」や「さらに伸ばせるところ」は何だろう

［　　］

【授業を振り返って】

（中田豪一）

事例10

宿題・議論班を活用した授業

—海と空—樫野の人々—（2年生）—
（出典：「私たちの道徳」　文部科学省）

松田憲子の"ココ"がポイント！

　授業内での議論を充実させるためには手立てが必要です。山本先生は，宿題として事前に教材を読んで「印象に残った場面と理由」を書かせる，そして，そのメモをもとにこの授業のためだけの「議論班」をつくるという2つの手立てを講じました。宿題を活用して立てた2つの発問は，生徒の「なぜ」という疑問を引き出し，主体的な授業を構成しました。また，あえて意見の異なる生徒で構成した「議論班」は，多様な考えをぶつけ合いながら，自分の考えを明確にさせます。「国際的視野に立って同じ人間として尊重し合う」というねらいに向け，新たな気づきが生まれた授業は，生徒の心に残る授業となりました。教師の手立てが，見事に生徒の学びを深めた実践例です。

❶議論するツールの活用ポイント

　教材を事前に「宿題」として読み，「海と空—樫野の人々—」に対する生徒たちの"感想メモ"（第一次感想）を書かせます。教材を理解するだけでなく，生徒の"感想メモ"から発問を立てることを，主体的に学習する手立てとしました。"感想メモ"は簡単でよいのですが，理由も書かせることがポイントです。

　さらに，"感想メモ"の内容（理由）を分類し，「道徳議論班」を編成しました。生徒の異なる"感想メモ"を生かした4人の「道徳議論班」の編成によって，互いの多様な考えにふれることができ，学びがさらに深くなりました。ねらいへの迫り方を教師主導から生徒主体の生徒同士の学び合いにシフトできます。

❷白熱した話し合いをつくるその他の工夫

　「なぜだろう？」人はそう思うとき，物事について主体的に考えます。そして，その疑問を他者に聞き，自分の考えと比較することで対話的に学びます。「宿題」で頭に浮かんだ生徒たちの第一次感想は当然全員が同じものではありません。違う感じ方，見方をもつ生徒同士が交流するよう議論班を編成し，対話が深まるようにしました。感想を把握しておくことは，中心発問や問い返し考えることにも役立ちます。生徒同士が"感想メモ"の内容を聴き合うことにより，「なぜ？」という気持ちが生まれ，その連続がねらいへ迫る話し合いになりました。班での話し合いがスムーズにできるようにするには，日常の教科学習や学級活動でも話し合い活動を充実させることが大切です。話し合い活動を積み重ねることで，ねらいに迫る熱を帯びた話し合いが可能となります。

🍀 本時の流れ

（1）主題名　真の国際人として，また地球社会の一員としての自覚を深める
（2）教材名　海と空—樫野の人々—（出典：「私たちの道徳」文部科学省）
（3）ねらい　主人公の疑問を考えることを通して，世界の中の日本人としての自覚をもち，国際的視野に立って同じ人間として尊重し合おうとする道徳的心情を育む。
（4）展開の大要

	学習活動・主な発問と予想される子どもの反応	指導上の留意点
事前	1　教材の時代背景について，事前に社会科の授業で理解する。 2　「宿題」で予め読み，個々の感想をもつ。（"感想メモ"として，記録する）	・社会科と連携をとっておく。
導入	3　教材で扱われる「トルコ」について地理的な面や国について確認する。また，英語科でもこの教材について学習していることを確認する。 ・東日本大震災のときに助けてくれた。　・遠い国なのに。	・社会科や英語科と連携を図り，事前に学習したことを，教材への理解を深めるための手立てとする。
展開	4　宿題として書いた内容と教師のコメントを読む。 ・樫野の人々がない食料をあげてトルコ人を助けた。他 5　感想の交流をする。印象に残ったところを聴き合う。（道徳議論班） 6　「宿題」の内容からの問いについて考え，議論する。 ○私はなぜ，トルコ政府が日本人を救出したことに疑問を抱いたのだろう。 ・自分の命だって危険なのに，なぜできるのだろう。他 ○樫野の人々はどんな思いで飼っていたニワトリやサツマイモなどを残らず差し出したのだろう。 ・ただただ，助けたい。困ったときはみんな同じ。 ・大変なときに，どこの国の人とか考える必要はない。他 ◎海と空…「一つになったもの」とは何だろうか。 ・樫野の人々がトルコの人々を助けたことが，自分が今ここにいられることにつながっている。 ・樫野の人たちの行動が，今でもトルコの人々の心に受け継がれている。 ・国境はあっても，人間はどこにいても一つである。 ・今，どこかの国で起こっている様々な問題も自分とつながっている。今の自分も考えていきたい。 ・海と空のように，どこにいても自分たちも様々な国々とつながっている。他　（道徳議論班）	・日本政府が素早い決定ができない中，トルコ政府はトルコ人よりも優先して，まず216名の日本人を助けたことを伝え，心情を深く追うようにする。 ・樫野の人々は，遭難したトルコの人々を同じ人間として，ただ助けたいという思いだったことに気づかせる。 ・国境を越えて，時を超えてもつながっている尊いものについて言及させ，ねらいに迫りたい。 ・「宿題」と授業を経た考えの両面から，多角的な学びを捉えさせる。
終末	7　真の国際人として，他の国々に対する国際理解，国際貢献について考える。 ○日本人として，今後，世界の国々をどのように考えていこうと思いますか。	・東日本大震災でトルコの人々が危険を顧みず最後まで日本に残ったことを伝える。

（5）評価　議論から，国際理解や国際貢献について多面的・多角的に考えていたか。
　　　　　国籍や民族を超えた尊さや人類愛への気づきが見られるか。（ワークシート・発言）

● 授業の実際

❶教材のあらすじ

　1985年のイラン・イラク戦争の渦中，テヘランからの脱出の手段を失っていた邦人たちが，トルコから提供された「救いの翼」によって無事に帰国することができました。脱出の当事者である主人公は帰国後，トルコ政府の決断の背景に1890年のトルコ船籍エルトゥールル号遭難の際に和歌山県の樫野の人々の救済があることを知ります。国と国がつながっているということ，時を超えても離れていても人類は皆，互いの貢献のもとに成り立っていることに気づき，真の国際人としての生き方を考えさせられる教材です。

❷「宿題」（事前　１週間くらい前）の活用と「道徳議論班」の編成

■「宿題」として教材「海と空 – 樫野の人々 –」を読み，一番印象に残った場面と理由をメモ

　第一次感想はメモ程度でいいので，理由も明確にしておくことがポイントです。「宿題」での感想を記録しておくことで，議論をスムーズに始めることができます。さらに，主体的に自分の考えたことと級友の考えたことを相互に学ぶことができます。発問も生徒の“感想メモ”から構成しました。「宿題」で多様に分散された感想を，ねらいとする道徳的価値について考えさせるために，生徒の「宿題」の中から，ねらいに迫る“感想メモ”を中心発問にしました。

　また，中心発問以外の発問も生徒の「宿題」に書かれた表現を活用しました。それにより，授業に参加している生徒は，「宿題」→「道徳科の授業」のつながりを体感できました。

■“感想メモ”を分類して道徳議論班編成

　生徒の“感想メモ”（右）をもとにねらいに迫る考えをもつ生徒と，違う捉え方をした生徒をあえて同じ班（３～４人）にしました。多様な意見を交流させるためです。議論が活発になります。一番印象に残った場面が違うだけでも，生徒は議論で主体的に発言したり，級友の意見に真剣に耳を傾けたりしていました。

■“感想メモ”から発問を立てる

　“宿題メモ”を分類していくと，ねらいに迫るために考えさせたい感想や中心発問にするべき感想に出会いました。生徒の感想を発問にすることで，授業は生徒が中心となり，主体的に進んでいきました。

発問1

生徒が宿題で記した“感想メモ”を「発問」につなげる。

発問2

❸導入

　「宿題」を通して，本教材に対する感想をもって授業に臨んでいるため，導入では教材に出てくる国や出来事についてアプローチしました。社会科と連携し，事前にトルコの地理的な学びとイラン・イラク戦争についての歴史的な学習を行い，本時はその確認からスタートしました。他教科と連携を図ることにより，授業への興味や関心を引き出すことができます。教材の理解，状況把握がしやすくなり，同じ土台で多様な考えを展開できる手助けとなりました。

❹展開

　主体的な学習にするため，「宿題」の"感想メモ"から次の2つの発問を立てました。発問①「なぜ日本人はトルコの人々に少ない食料をわけてあげたのだろう」と発問②「海と空，一つになったものとは何だろう……」です。

　生徒が書いてきた"感想メモ"（p.100）の内容をもとに，第一次感想が異なる3～4人の道徳議論班に分かれた後，発問①について話し合いました。生徒は「自分だったらできるのかな」「でも，やっぱり同じ人間として助けたい気持ちになるのは当たり前だと思う」等，級友の感想から生まれた発問に対して，自然と道徳議論班の中で本音が出る場面となりました。

生徒は，自分の考えと級友の考えを交えながら対話的な学びを進めることができました。さらに，"感想メモ"からの発問は，生徒に「なぜ？」を生み出しました。「なぜ，その場面が気になったの？」という問いかけから議論は深まり，多様な価値を吸収しながら，自分の考えを明確にしていきました。

　そして，中心発問である，発問②を提示しました。すると生徒からは「一つになったものは国と国だよ」，「あの頃の思いやりと今の思いやりが時を超えて一つの思いになったんだよ」等の意見が次々に出ました。生徒の意見はウェビングをしながら板書に整理しましたが，視覚的

にわかりやすくなり，効果的でした。それぞれが考える「一つになったもの」について聴き合い，議論することによって，授業のねらいへの深い学びが実現しました。「時を超えて，場所を超えて私たちはつながっていきたい」との考えが学級で共有され，これからの自分たちへ思いを馳せる場面となっていきました。

■ツール活用のポイント

・教材の本文が長い場合や内容把握が難しそうな場合は，1週間くらい前に「宿題」としておく。
・「宿題」は，一番印象に残った場面とその理由をメモさせる。
・生徒の「宿題メモ（感想メモ）」を把握して「発問」につなげる。
・授業内の話し合いをする「道徳議論班」は，「感想メモ」に書かれている内容から，分類して4人に編成する。多様な価値観の交流を促す。
・授業の振り返りの際には，最初に感じた「宿題メモ」と授業後の感想を比較し，自分自身の"思考の流れ"を確認させる。

---

❺終末

　生徒の"感想メモ"から生まれた発問①②について考え，議論，共有を経て，主体的に国際理解や国際貢献というねらいを深めていきました。授業の終わりには東日本大震災のとき，トルコからいち早く援助があったエピソードを伝えました。それにより，学びが心に残るものとなり，「一つになったものが今でも強く結びついて，その結びつきの一本の糸でもいいから，できることをやりたい」という思いを引き出しました。

❻授業を終えて

　「宿題」を活用して，教材理解の時間を短縮するだけでなく，議論班を編成したり，生徒の考えに基づいた発問を立てたりしたことにより，生徒が主体的にねらいとする価値を深く考えていく様子がよくわかる授業となりました。生徒主体の話し合いでは，たくさんの意見が出たことからも，生徒にとっても多くの学びがある授業になったと考えます。また，宿題の活用は，授業者が教材研究をしたり，発問などの授業構成を考えたりする上でも大変有効でした。

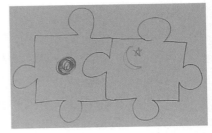

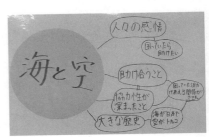

● ツールの実物

海と空　－樫野の人々―

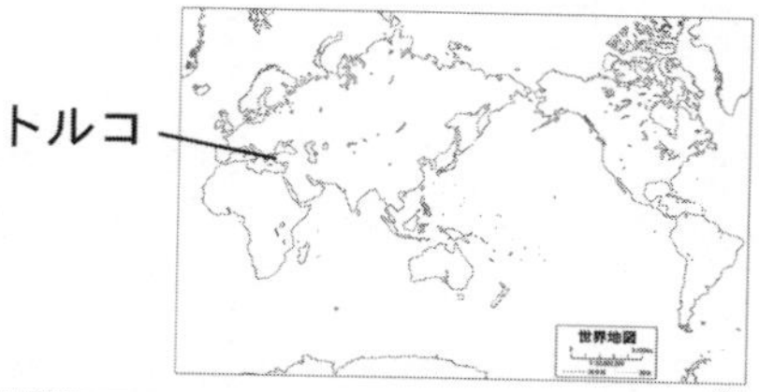

トルコ ←

なぜ日本人はトルコの人々に少ない食料をわけてあげたのだろう

海と空，一つになったものとは何だろう

海と空

授業を振り返って

（山本理恵）

事例 11

付箋・聴き合い活動を活用した授業

―四本の木（３年生）―
（出典：子どものレジリエンス研究会「レジリエンス絵本　四本の木」）

松田憲子の "ココ" がポイント！

　「自分の意見を付箋に書き黒板に貼る」という活動は，自分はどう考えるのかという意思決定です。本実践では「４本の木」それぞれの生き方から考えた自分の選択を黒板に示すことで，自分がどうありたいのか深く考えることができました。さらに，鹿瀬先生の色分けした付箋の活用やワークシートの工夫も効果的に作用し，生徒の意見の共有を促し，聴き合い活動を深めています。はじめに「友樹」を選択していた生徒が，「挫折をしてもいろいろなことに挑戦していきたい」と最終的に「一樹」を選んだのは，これまでを振り返り今後の自分の生き方を深く考えた証です。中３の12月という時期にこれからの生き方を考える印象に残る実践となりました。

❶議論するツールの活用ポイント

　付箋は与えられたテーマに対して，自らの考えを明確化し，可視化する際に適したツールです。付箋を貼ることで，他の意見と自らの意見を比較することができ，多面的・多角的なものの見方や考え方へ広げることができます。また聴き合い活動を加えることで，一人一人の考えを伝え，聴き合うやりとりを通して，自分の考えをより明確化することができます。今回は，教材に出てくる４本の木のうち，共感できる木を選ぶ際に付箋を活用し，自分の考えを可視化させました。また個人→グループ→全体での共有→個人で考える流れの中で，聴き合い活動を取り入れ，なぜその木を選んだのかグループで説明し合う場面を設定しました。そのことによって，自分が「こうありたいという姿」とはどのようなものか，自分は何を大事に考え生きていこうとしているのかなどを強く自覚することにつながったと言えます。

❷白熱した話し合いをつくるその他の工夫

　この授業は，中学３年生の12月に実施しました。自らの進路を決定していく時期に，自分がどうありたいかを考える道徳の授業はとてもタイムリーなものとなりました。導入での課題意識をもたせる工夫も大事ですが，より切実感をもって考えられる時期に授業を設定するということも大切です。自分に向き合う場面が増えるこの時期だからこそ，困難な状況に直面した際のそれぞれの木の考えに共感したり，こうありたいと憧れを抱いたりすることにつながったと考えます。最後に「なりたい木」のイメージをイラストで描かせることも，言語だけでは伝えきれない自分の考えを表出させることとなり，聴き合い活動に深まりが生まれました。

● 本時の流れ

（1）主題名　よりよく生きるために，自分はどうありたいか

（2）教材名　四本の木（出典：子どものレジリエンス研究会「レジリエンス絵本　四本の木」）

（3）ねらい　これまで経験したことのない状況に置かれた木々の努力する姿から，困難な状況に負けず
　　　　　　に乗り越えていけるような，よりよく生きようとする心情を育てる。

（4）展開の大要

	学習活動・主な発問と予想される子どもの反応	指導上の留意点
導入	1　これまでの自分を振り返る。 ○困ったことに出会ったとき，どんなふうに対処してきたか。 2　本時の課題を理解する。 ○「四本の木」の話を通して，自分の生き方を考えよう。	・人には弱い気持ちがあることや，逃げたくなることはおかしな気持ちではないことも伝える。
展開	3　教材を視聴して話し合う。 ○話に出てきた木の中で，あなたが一番なりたい木はどれですか？ ○なぜ，その木を選んだのかの理由を付箋に記入しよう。 ○班員に自分が選んだ木とその理由を説明しよう。（聴き合い活動） ○なぜその木を選んだのか，理由を発表しよう。 ・仲間と乗り越えたいから友樹。 ・たくましくありたいから大樹。 4　自分の価値を明確化する。 ◎自分のなりたい木はどんな木か，改めて考えよう。 ○なりたい木のイラストも描く。 ・折れても立ち上がる一樹のような木になりたい。 ・自分を見てみんなが笑顔になれるような桜の木になりたい。	・Power Pointを併用して教材を範読し，場面絵を用いてあらすじを確認する。 ・説明をし終えたら，付箋を黒板の場面絵の下に貼らせる。 ・グループ内でそれぞれの思いを聴き合う。 ・クラスでも考えを共有する。 ・それぞれの考えを聞いた上で，再びなりたい木を選ばせる。 ・なぜそう考えたのかを問い返し，こうありたいという思いを深める。 ・4本の木以外の木でもよいこととする。
終末	5　授業で考えたことをまとめる。 ○「自分のなりたい木」のような人間になるには，今後どうしていけばよいだろう。	・考えを共有させる。 ・未来へのヒントカード（One Paper Portfolioカード）に記入させる。

（5）評価　なりたい木について考えることを通して，自分自身がどのようなことを大事にして生きてい
　　　　　きたいかをしっかりと自覚することができたか。（ワークシート・発言）

🍀 授業の実際

❶教材のあらすじ

　これまで経験したことのない強い風にさらされて，幹から折れてしまった「一樹」という木。そしてその様子を見ていた「大樹」「優樹」「友樹」の3本の木は，根を深く張り，幹を太くしたり，折れないしなやかさを身につけたり，鳥に協力してもらって森を育てたりと，おのおのの風に負けない工夫をして暮らしていました。そして，幹から折れてしまった「一樹」は，残った株から新たな小さな枝が芽生えており，その生命をつないでいました。

❷導入

　まず，これまでの自分について振り返る場面を設定します。「困ったことに出会ったとき，どんなふうに対処してきましたか」と発問し，自分のこれまでを思い起こさせました。「逃げてしまっていた」「相談して解決してきた」などいろいろな対処の仕方が出てきましたが，人には弱い気持ちがあることや，逃げたくなることはおかしいことではないことも伝えました。また進路決定の時期にさしかかる中，うまくいかないことや立ち止まってしまうこともあることにも触れ，その上で，「困難を乗り越えたり，立ち直ったりするような前向きな気持ち」について，今日の授業で考えていくことを伝えました。本時で考えることを明確にし，教材への興味や課題意識を高めていきながら，自分と課題とのかかわりについても認識をさせました。

❸展開

　教材に出てくる4本の木について，「どのように困難に立ち向かっていったか？」ということを意識しながら，範読を聞かせました。併せて教材の内容を Power Point で示すことで，それぞれの木の困難の乗り越え方を視覚でもわかりやすく捉えることができました。「あなたがなりたいのはどの

木ですか？」と発問し，最初に選んだ木をワークシートに記入し，選んだ理由を付箋に書かせました。ワークシート上に最初の判断を残すことは，自分がどんなことを大切に思うのかという価値の自覚化を促したり，考えの変容に気づいたりするのに役立ちます。付箋に自分の考えを書いた後，4人班をつくり，互いの考えを聴き合いました。まず付箋に書かせることで，自分の思いをしっかりともたせることができ，それぞれが自分の考えを仲間にしっかりと伝えていました。ワークシートに，友達の考えをメモする欄を設け，誰がどのような理由でその木を選んだのかがわかるようにしました。

　班での聴き合い活動の後，自分が選んだ木のイラストの下に付箋を貼ります。そうすることで，クラスの仲間の考えを一度に共有することができます。また，どの木を選んだ人が多いかも捉えやすくなります。その後，なぜその木を選んだのかを数名に発表してもらいました。（表参照）

表　それぞれの木を選んだ理由

大　樹	優　樹	友　樹	一　樹
風に絶対にあおられないようにしようという強い思いをもって，コツコツと一人で頑張っていける人になりたいから。	嵐に対抗するのではなく，共存しうまく対応しようとしているところがよい。	一人で頑張るのもすごいことだし，よいことだけど，みんなで協力し合って団結して向き合うのがよいと思った。	折れてしまうことがあっても，時間が経てば新しくスタートできる前向きなところがよいと思った。立ち直れないほどの挫折から，新しく始められる強さは大切だと思う。

　自分が思わなかったような視点の意見が出たとき，子どもたちは「なるほど」「そういうふうにもとれるね」などと素直な反応を示していました。４人班という少人数での共有をしてから，クラス全体での共有を行ったことで，より多様な意見に触れることができ，多面的・多角的な捉えができるようになっていました。そこでもう一度，「自分がなりたい木はどんな木だろう？」と問いかけました。今度は，教材に出てきた４本の木以外の木でもよいというように選択の幅を広げ，より自分がどうありたいかを表出しやすいようにしました。またワークシートになりたい木のイメージをイラストで描かせる枠も用意しました。実際に子どもたちが描いたイラストには，文章での表現を補うような「自分のありたい姿」が多く見られました。「なりたい木」の１回目の選択では，クラスの半数が「友樹」を選んでいましたが，２回目の選択では，「一樹」を選んだ生徒が一番多くなりました。クラスでの意見の共有場面で「一樹が折れなければ他の３本の木は，経験のないまま風に襲われ折れてしまっていた。風に立ち向かい，一度は敗れたが他の木が風に立ち向かうヒントを与えた。さらに敗れただけに留まらず，自分

も強く芽を出したという強さに惹かれた」という考えを述べた生徒がいました。その考えに共感し意見が変わった生徒が多くいました。また４本の木以外を選択した生徒も11名いました。

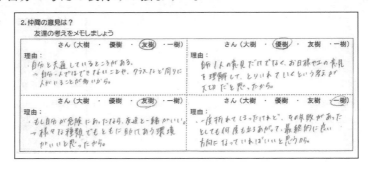

❹終末

終末では，「『自分のなりたい木』のような人になるには，今後どうすればよいだろう？」と投げかけました。この最後の発問に対しての考えは，本校で取り組んでいる One Paper Portfolio シート「未来へのヒントカード」（右図）に記入させます。なりたい木を２回選択させた後，そのためにどうすればよいかを考えることで，改めて自分事として捉えることができました。

【 ＯＰＰ（One Page Portfolio）シート（未来へのヒントカード）】

❺授業を終えて

ある生徒は１回目の選択で「友樹」を，２回目では「一樹」を選びました。その理由として「今までは友樹の森の中の一員だった気がするけれど，これからは守られるだけでなく，失敗したとしても，まだ成長していくぞという気持ちをもって，挫折をしてもいろいろなことに挑戦していきたいから」と書いていました。このように，自分の生き方を見つめ直し，困難に立ち向かってよりよく生きていきたいという思いをもてた生徒がいたことから，本授業のねらいに近づけたことを実感しました。また，そのために用いた自分の考えを明確にする付箋や一人一人の考えを大切にし合う「聴き合い活動」がこの教材には有効であったと思います。

ツールの実物

四本の木

┌───┐
│ 「四本の木」から、自分の生き方を考えよう │
└───┘

1.「四本の木」のお話を聞いて、あなたが一番なりたい木はどれですか？

┌───┐
│ 大樹　・　優樹　・　友樹　・　一樹 │
└───┘

→　なぜ、その「木」を選んだのか。ふせんに理由を書きましょう。

※　ふせんには、「理由」「自分の名前」を必ず書こう

2.仲間の意見は？

友達の考えをメモしましょう

さん（大樹　・　優樹　・　友樹　・一樹）	さん（大樹　・　優樹　・　友樹　・一樹）
理由：	理由：
さん（大樹　・　優樹　・　友樹　・一樹） 理由：	さん（大樹　・　優樹　・　友樹　・一樹） 理由：

その他 memo

3.自分のなりたい木はどんな木ですか？

大樹	優樹	その他の木
友樹	一樹	

○考えた理由

★その木はどんなイメージですか？自分の
イメージした木を書いてみよう

4.「自分のなりたい木」のような人になるには、今後どうしていけば良いだろう？

→　未来へのヒントカードに記入しましょう

（鹿瀬みさ）

付録　道徳授業 Design Sheet の使い方

　道徳授業の構成を考えるためのシートです。

ステップ❶

　まず，この時間に学習する内容項目と教材を決定します。内容項目については，指導書や学習指導要領解説をよく読み，教師自身の価値理解を深めます。併せて，教材をよく読み，生徒に「考えさせたいところ」を押さえます。大切だと思うところは，「Memo」に記入しておきます。

　次に，授業のねらいを設定します。この授業で，「道徳的諸様相（判断力・心情・実践意欲・態度）の何を育てたいか」「何に気づかせたいか，何を考えさせたいか」を明確にして，この時間に達成できそうなねらいを立てます。また，授業で特に気をつけたいこと（授業で必ず取り入れたいこと，大切にしたいこと等）を決めます。それが，授業のチャレンジポイントとなり，授業力向上につながります。

ステップ❷

　授業の展開を考えます。導入では，「価値への導入か，教材への導入か」を考え，「何をするか，どんなことを聞くか」を決定します。導入で授業への意欲が上がるよう，工夫が必要です。

　発問づくりは授業デザインの核となります。中心発問は，最もねらいに迫る発問となるため，ステップ❶で考えた「何に気づかせるか，何を考えさせたいか」をもとに設定します。シートのポイントに合わせて，その他の発問も考えていきます。どの発問においても，生徒が考えたくなる発問かどうかを吟味し，どのような反応をするかをイメージすることが大切です。

　授業では，「思考ツールの設定（活用）」を検討しましょう。ねらいに合わせて，どの場面で活用すると効果的かを考えます。併せて，「話し合いや活動の設定」をし，「どの場面で，どんな話し合いや活動を取り入れるか」を考えます。例えば，ペアトーク，グループ活動，インタビュー，役割演技，役割取得等が考えられます。生徒の様子や反応をイメージして，効果的なものであるかを吟味します。思考ツールの具体的な使い方や話し合い・活動の仕方は，「Memo」に記入しておくとわかりやすくなります。

　最後に，生徒に考えさせたいことをイメージして，今後につながる終末を考えます。さらに，授業全体のプランを見直し，「□ねらいを達成できるか？，□意識の流れはスムーズか？」「□自己との対話，□他者との対話，□自分を見つめ，今後について考える」にチェックを入れます。

ステップ❸

　時間配分を検討し，板書を考えます。板書は，構造的でわかりやすく，視覚的に見やすいもの（場面絵等の工夫）にします。中心発問を軸にしながら，授業の流れや考えたこと，生徒の思考の深まりがわかることが大切です。ノートやワークシートとの連動を意識しながら，考えていきます。板書は，生徒の学びがわかる授業の「結晶」です。

　記入例を参考に皆さんが道徳科の授業づくりを楽しんでください。

（尾花桃代）

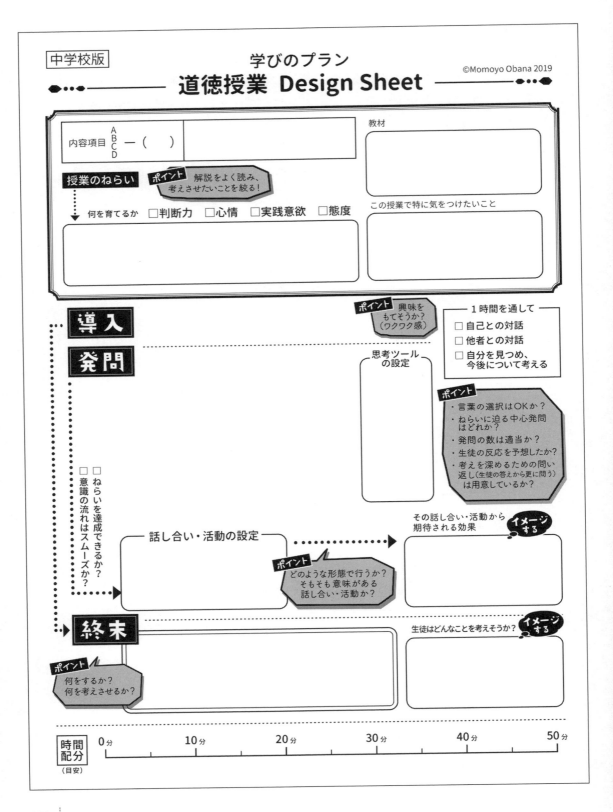

中学校版

学びのプラン
道徳授業 Design Sheet

©Momoyo Obana 2019

内容項目 A B C D — (　)

教材

授業のねらい　**ポイント** 解説をよく読み、考えさせたいことを絞る！

この授業で特に気をつけたいこと

↓ 何を育てるか　□判断力　□心情　□実践意欲　□態度

導入

ポイント 興味をもてそうか？（ワクワク感）

── 1時間を通して ──
□ 自己との対話
□ 他者との対話
□ 自分を見つめ、今後について考える

発問

思考ツールの設定

ポイント
・言葉の選択はOKか？
・ねらいに迫る中心発問はどれか？
・発問の数は適当か？
・生徒の反応を予想したか？
・考えを深めるための問い返し（生徒の答えから更に問う）は用意しているか？

□ □ ねらいを達成できるか？
意識の流れはスムーズか？

話し合い・活動の設定

ポイント どのような形態で行うか？そもそも意味がある話し合い・活動か？

その話し合い・活動から期待される効果　**イメージする**

終末

生徒はどんなことを考えそうか？　**イメージする**

ポイント 何をするか？何を考えさせるか？

時間配分（目安）

0分　　10分　　20分　　30分　　40分　　50分

Memo 教材分析（ねらいとの関連等）、思考ツールの使い方や話し合い・活動の仕方、この授業で注目したい児童生徒など。

板書

月
日（）日
通

学びのプラン
道徳授業 Design Sheet

中学校版

内容項目	A B ©C D — (13)	勤労

教材

「新しいプライド」
（東京書籍「新しい道徳1」）

授業のねらい

ポイント 解説をよく読み、考えさせたいことを絞る!

→ 何を育てるか □判断力 ☑心情 □実践意欲 □態度

主人公の「私」が誇りをもって働くなるようになる姿を通じて、勤労の尊さや意義を理解し、自己表現と社会貢献をしようとする心情を育てる。

この授業で特に気をつけたいこと

思考ツールを使いながら
考えを深めること。

導入

★「働く理由」について考える。(事前)〈同心円チャート〉 **ポイント** 興味をもてそうか?(ワクワク感)

・テーマの確認「人はなぜ働くのだろうか」
・新幹線の7分間清掃の紹介〈動画〉

┌ 1時間を通して ┐
☑自己との対話
☑他者との対話
☑自分を見つめ、今後について考える

発問

思考ツールの設定

・同心円チャート
（視点の広がりを感じながら考える）

・クラゲチャート
（様々な理由を考える）
（話し合い活動のツールにする）

○清掃の仕事を始めた頃の「私」は、どんな思いで働いていたのでしょう。

○夫の弟やその妻に仕事をしているところを見られてしまった時、「私」はどんなことを考えたでしょう。

◎「新しいプライド」とは何かを考え、「私」が仕事に誇りをもてるようになった理由を考えましょう。
〈クラゲチャート〉

☑意識の流れはスムーズか?
☑ねらいを達成できるか?

○「人はなぜ働くのだろうか」について再度考えましょう。〈同心円チャート〉

ポイント
・言葉の選択は○Kか?
・ねらいに迫る中心発問はどれか?
・発問の数は適当か?
・生徒の反応を予想したか?
・考えを深めるための問い返し(生徒の答えから更に問う)は用意しているか?

┌ 話し合い・活動の設定 ┐

クラゲチャートを使った話し合い
個人→グループ(4人班)
→気づいたことを共有

ポイント
どのような形態で行うか?
そもそも意味がある
話し合い・活動か?

その話し合い・活動から期待される効果 **イメージする**

個人で気づかなかった考えを知ることができ、考えが広がっていく。

終末

ポイント
何をするか?
何を考えさせるか?

自分の生き方について考える。(ワークシート)
○将来、どのように働いていこうと思いますか。

生徒はどんなことを考えそうか? **イメージする**

・生活のためでもあるが、自分のやりがいを大切にしていきたい。
・社会のためになるような仕事をしたいと思った。

時間配分 (目安)						

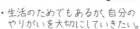

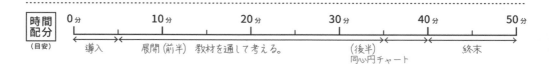

0分　　10分　　20分　　30分　　40分　　50分

導入　展開(前半) 教材を通して考える。　(後半)　　終末
　　　　　　　　　　　　　　　　　　同心円チャート

Memo

教材分析（ねらいとの関連等）、思考ツールの使い方や話し合い・活動の仕方、
この授業で注目したい児童生徒など。

テーマ：人はなぜ働くのか

「私」が誇りをもって働くようになる姿
↓
勤労の尊さ・意義
↓
自己表現・社会貢献

○○さん

○○さん

4人グループ
にする

STEP1　同心円チャート（朝学習）
↓
STEP2　クラゲチャート
　　　　　　（個人→グループ）
↓
同心円チャートに戻ってから
↓
STEP3　将来の自分について
　　　　　　ワークシート

板書 月 日（）時

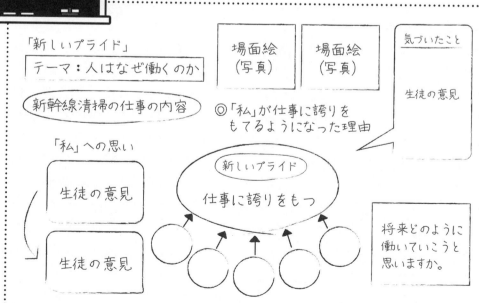

「新しいプライド」

テーマ：人はなぜ働くのか

新幹線清掃の仕事の内容

場面絵
（写真）

場面絵
（写真）

気づいたこと

生徒の意見

◎「私」が仕事に誇りを
　もてるようになった理由

「私」への思い

生徒の意見

生徒の意見

新しいプライド
仕事に誇りをもつ

将来どのように
働いていこうと
思いますか。

お わ り に

■ 「COVID-19」対応と道徳教育

2020年は，世界中が「COVID-19」（新型コロナウイルス）への対応問題を考えさせられた年です。日本でも「緊急事態宣言」が発出され，すべての人たちが「自分のあり方」を考えさせられた試練の年となりました。「自粛」の言葉をどう捉え，どのように判断し行動するのか，秩序をもって行動するとはどのようなことなのか，非常事態下での人への思いやりなど，様々な問題が提起されたように思います。

とりわけ「差別・偏見」について考えさせられました。中国からの帰国者に対する差別的態度であり，海外渡航者への偏見であり，「COVID-19」感染者や家族に対する差別・偏見です。また，医療関係者の子どもが不当な差別を受けた事例もありました。どれも悲しい出来事です。「見えない敵」と闘う長い「自粛」の中では，やり場のない不満は理解できます。だからこそ，お互いに尊重し合う気持ち，「リスペクト　アザーズ」を大事にしたいものです。

では，この互いを尊重し合う心や非常時の判断力・行動力はどこで学び，身につけるのでしょうか。前例のない問題への対応力，自分の行動，自分の生き方を考えるのは，やはり「道徳科」が大きな役割を果たします。道徳科で「多面的・多角的に物事を考える力」や「自分のよりよい生き方を考える力」を育てるのです。

本書に掲載されている実践例や思考ツールの活用方法を参考にぜひとも多面的・多角的に考え，自分の生き方を考える授業を展開してほしいと願っています。

■小・中学校連携の視点から

別の視点から「考えるツール」や「議論するツール」を活用した道徳授業の必要性について述べます。新学習指導要領における「特別の教科　道徳」では「系統性が重視」されていることも特徴の一つです。発達段階に応じた内容項目の位置づけがこれまで以上に明確に示されています。また，中学校では，教科指導において「小学校で学んだことを土台」に指導が積み重ねられます。道徳科では，どの程度道徳的諸価値を理解しているかではなく，「どのように道徳を学んだのか」も大切な積み重ねの一つなのです。小学校での「多様な指導方法」「多面的多角的に考え，友達と議論をしながら自分を見つめなおす授業」の延長線上に中学校道徳科があるのです。つまり，中学校では小学校での指導を土台に道徳科を展開してほしいのです。例えば，小学校ではウェビングの活用はすでに一般的であり，ペアトークやグループ活動も珍しいものではありません。それらの学びを重ねてきた生徒が中学校にきています。だからこそ，本書が提案する「考えるツール」「議論するツール」を活用して，中学校ではさらに生徒たちの未来に役立つ道徳授業を重ねてほしいのです。中学校の道徳授業はもっと面白くなります。

（土田雄一）

【執筆者紹介】（執筆順）

諸富　祥彦　明治大学教授

土田　雄一　千葉大学教授

松田　憲子　神田外国語大学特任准教授

尾花　桃代　千葉県船橋市教育委員会

髙橋　　晶　千葉大学教育学部附属中学校

神田　沙紀　千葉県船橋市立坪井中学校

齋藤　紀子　埼玉県草加市立草加中学校

髙橋　　愛　千葉大学教育学部附属中学校

中田　豪一　千葉県習志野市立第六中学校

山本　理恵　千葉県東金市立東中学校

鹿瀬　みさ　千葉大学教育学部附属中学校（執筆時）

　　　　　　千葉県市原市立八幡東中学校（現在）

【編著者紹介】

諸富　祥彦（もろとみ　よしひこ）

筑波大学大学院博士課程修了。教育学博士。千葉大学教育学部助教授を経て，現在，明治大学文学部教授。
1990年代半ばから，アクティブ・ラーニング方式の多様な道徳授業を提案し続けてきた。
著書に『クラス会議で学級は変わる！』『すぐできる"とびっきり"の道徳授業』『ほんもののエンカウンターで道徳授業』（明治図書）ほか多数。https://morotomi.net/

土田　雄一（つちだ　ゆういち）

千葉大学大学院教育学研究科修士課程修了。教育学修士。
千葉県内の小学校教諭をスタートに，ヨハネスブルグ日本人学校教諭，市原市教育センター所長，公立小学校校長等を経て，現在，千葉大学教育学部附属教員養成開発センター教授。専門は道徳教育，国際理解教育，教育相談。
ＮＨＫ（Ｅテレ）「オンマイウェイ！」「ココロ部！」「時々迷々」の番組委員。
著書に『考えるツール＆議論するツールでつくる小学校道徳の新授業プラン』（明治図書）『100円グッズで学級づくり』（図書文化）他

松田　憲子（まつだ　のりこ）

千葉大学大学院教育学研究科修士課程修了。教育学修士。
青森県内，千葉県内の小学校教諭，習志野市総合教育センター指導主事，千葉県子どもと親のサポートセンター研究指導主事を経て，現在，神田外語大学外国語学部特任准教授。「道徳教育の指導法」，「教師論」等を担当。
ＮＨＫ「オン・マイ・ウェイ！」「ココロ部！」番組委員。

中学校道徳サポートBOOKS
考えるツール＆議論するツールでつくる
中学校道徳の新授業プラン

2020年9月初版第1刷刊　©編著者　諸　富　祥　彦
2021年11月初版第2刷刊　　　　　　土　田　雄　一
　　　　　　　　　　　　　　　　　松　田　憲　子
　　　　　　　　　　発行者　藤　原　光　政
　　　　　　　　　　発行所　明治図書出版株式会社
　　　　　　　　　　http://www.meijitosho.co.jp
　　　　　　　　（企画）茅野　現　（校正）高梨　修
〒114-0023　東京都北区滝野川7-46-1
振替00160-5-151318　電話03(5907)6702
ご注文窓口　電話03(5907)6668
＊検印省略　　　　　組版所　広研印刷株式会社

Printed in Japan　　ISBN978-4-18-377617-4
もれなくクーポンがもらえる！読者アンケートはこちらから